Alice M. Sapienza

Forscher managen

Alice M. Sapienza

Forscher managen

Management für Naturwissenschaftler und Ingenieure

Übersetzt von Anna Schleitzer

Original title "Managing Scientists – Leadership Strategies in Research and Development."
© 1995 Wiley-Liss, Inc. All Rights Reserved
Authorized translation from english language edition published by John Wiley & Sons, Inc.

Alice M. Sapienza
Graduate School for Health Studies
Simmons College
300 The Fenway
Boston, MA 02115
USA

> Das vorliegende Werk wurde sorgfältig erarbeitet. Dennoch übernehmen Autor, Übersetzer und Verlag für die Richtigkeit von Angaben, Hinweisen und Ratschlägen sowie für eventuelle Druckfehler keine Haftung.

Lektorat: Dr. Michael Bär
Übersetzer: Dr. Anna Schleitzer
Herstellerische Betreuung: Dipl.-Wirt.-Ing. (FH) Bernd Riedel

Die Deutsche Bibliothek – CIP-Einheitsaufnahme
Sapienza, Alice M.:
Forscher managen : Management für Naturwissenschaftler und Ingenieure / Alice M. Sapienza.
Übers. von Anna Schleitzer. – Weinheim : VCH, 1997
    Einheitssacht.: Managing scientists <dt.>
    ISBN 3-527-29437-6

Die Fotos auf der Titelseite wurden freundlicherweise von der BASF AG, Ludwigshafen, für diesen Zweck zur Verfügung gestellt.

© VCH Verlagsgesellschaft mbH, D-69451 Weinheim (Bundesrepublik Deutschland), 1997
Gedruckt auf säurefreiem und chlorfrei gebleichtem Papier.

Alle Rechte, insbesondere die der Übersetzung in andere Sprachen, vorbehalten. Kein Teil dieses Buches darf ohne schriftliche Genehmigung des Verlages in irgendeiner Form – durch Photokopie, Mikroverfilmung oder irgendein anderes Verfahren – reproduziert oder in eine von Maschinen, insbesondere von Datenverarbeitungsmaschinen, verwendbare Sprache übertragen oder übersetzt werden. Die Wiedergabe von Warenbezeichnungen, Handelsnamen oder sonstigen Kennzeichen in diesem Buch berechtigt nicht zu der Annahme, daß diese von jedermann frei benutzt werden dürfen. Vielmehr kann es sich auch dann um eingetragene Warenzeichen oder sonstige gesetzlich geschützte Kennzeichen handeln, wenn sie nicht eigens als solche markiert sind.
All rights reserved (including those of translation into other languages). No part of this book may be reproduced in any form – by photoprinting, microfilm, or any other means – nor transmitted or translated into a machine language without written permission from the publishers. Registered names, trademarks, etc. used in this book, even when not specifically marked as such, are not to be considered unprotected by law.
Satz: Graphik & Text Studio Zettlmeier, D-93164 Laaber-Waldetzenberg
Druck: Strauss Offsetdruck GmbH, D-69509 Mörlenbach
Bindung: J. Schäffer GmbH & Co. KG, D-67269 Grünstadt
Printed in the Federal Republic of Germany

Vorwort

Managen, führen – und das mit Erfolg

Ich denke, daß ein guter Manager* auch führen können muß. Mit dem Begriff *managen* möchte ich in diesem Buch zwei Tätigkeitsfelder zusammengefaßt wissen: 1) die Führung von Wissenschaftlern als individuellen Persönlichkeiten, 2) die Verwaltung einer Institution der Forschung und Entwicklung (F&E). Unter *führen* verstehe ich, den Mitarbeitern – Wissenschaftlern in unserem Fall – ein Beispiel zu geben, ihnen die Richtung des Handelns, der Entscheidungsfindung und der Lösung von Konflikten zu weisen. Auf die Aspekte der Mitarbeiterführung habe ich den Schwerpunkt dieses Buches gelegt.

Ich glaube, es ist eine sehr schwierige Aufgabe, Wissenschaftler *erfolgreich* zu managen – eine enthusiastisch, schwungvoll und kreativ arbeitende Forschergruppe aufzubauen und aufrechtzuerhalten (und darüber hinaus die F&E-Organisation effektiv zu verwalten). Deshalb habe ich dieses Buch geschrieben. Forscher zu managen bedeutet, Persönlichkeiten zu führen, die in erster Linie mit dem Kopf arbeiten. Ihr Ziel ist, Ideen und Erkenntnisse hervorzubringen, eine Aufgabe, die verglichen mit anderen organisatorischen Tätigkeiten schwierig zu überschauen und vorherzusagen, schlecht zu messen und zu bewerten (außer im Nachhinein) ist. Aus diesem Grund lassen sich weite Teile des Erfahrungsschatzes „gewöhnlichen" Managements, etwa Planungs- und Controllingmethoden aus dem ingenieurtechnischen Gebiet, nicht direkt auf Institutionen der Forschung und Entwicklung übertragen. (So gerät ein Manager aus F&E häufig in Widerspruch zu seinen Management-Kollegen anderer Bereiche, die nach traditionellen Standards und Maßstäben ausgebildet wurden.)

Eine weitere Schwierigkeit, vor der sich Manager in F&E sehen, besteht darin, daß Menschen durch eine wissenschaftliche Aus- und Weiterbildung ganz individuelle Begriffsgebäude, Wortschätze und Kulturen entwickeln, die für ihre Disziplin spezifisch sind. Und man darf nicht vergessen: Wissenschaftler werden im wesentlichen zum Einzelkämpfer erzogen! (Das schließt nicht aus, daß ein Forscher in der Lage ist, die Mitarbeiter „seines" Projektes zu führen oder mit anderen Projektgruppen zusammenzuarbeiten.) Interdisziplinäre, funktionenübergreifende Kooperation in einer F&E-Organisation zu erreichen, ist daher nicht trivial. Und selbstverständlich haben

---

* Im gesamten folgenden Text schließen grammatisch maskuline Formen zur Bezeichnung von Personen solche männlichen und weiblichen Geschlechts gleichermaßen ein. (Anm. d. Übers.)

Wissenschaftler Launen, Vorlieben, Eigenarten, Ecken und Kanten wie alle anderen Menschen auch.

Ich behaupte: Genau diese Kombination von Wissenschaft (einer schwierig zu erfassenden Tätigkeit, deren Ergebnisse schwer vorherzusagen sind) und Wissenschaftlern (äußerst verschiedenartigen Einzelkämpfern, hinter denen andererseits auch menschliche Persönlichkeiten stehen) ist *grundsätzlich* schwer zu beherrschen (und zu managen). Ständig müssen neue Hürden genommen werden, wenn man das richtige Gleichgewicht schaffen will zwischen Mehrdeutigkeit und Herausforderung – Bedingungen der Kreativität – einerseits und den Zwängen, die durch einen festen Zeitrahmen, ein beschränktes Budget und vielleicht kommerzielle Aspekte auferlegt werden, andererseits. Nur wenige Forscher sind in der Lage, dieses Gleichgewicht herzustellen, ohne dabei schmerzliche Fehler zu begehen. Für diejenigen unter Ihnen, deren Position (die sie sich erhoffen, sich ausgewählt haben oder in der sie sich unversehens wiedergefunden haben) das Management von Wissenschaftlern einschließt, habe ich dieses Buch geschrieben – um ihnen zu helfen, so viele schmerzliche Fehler wie möglich zu vermeiden.

Schwerpunkte dieses Buches

Ich gehe davon aus, daß Sie eine wissenschaftliche Ausbildung absolviert haben, daß Sie einige der Schwierigkeiten des Wissenschaftsmanagements beobachtet oder selbst erfahren haben und daß Sie Interesse an der menschlichen Seite von Forschung und Entwicklung haben. Dabei ist es nicht von Bedeutung, ob Sie an einer Universität oder in einem Unternehmen, in einer privaten Stiftung oder an einem staatlichen Institut beschäftigt sind.

Ich wünsche mir, daß dieses Buch dazu beiträgt, die Interaktion zwischen den Mitgliedern einer F&E-Einrichtung zu verbessern. Obwohl die grundlegende Tätigkeit in F&E kognitiv ausgerichtet ist, übt die Wechselwirkung zwischen den Menschen einen nicht zu unterschätzenden Einfluß auf die Kreativität in Wissenschaft und Technik aus. Es gibt wichtige Bindeglieder zwischen der Erkenntnis- und der Verhaltenstheorie, die dieses Buch inspirierten.

Ich möchte allerdings klarstellen: Dies soll *keine* wissenschaftliche Abhandlung über Erkenntnis- und Verhaltenstheorien sein (obwohl ich interessierten Lesern weiterführende Lektüre empfehlen werde). Ich habe mich entschlossen, nur eine Auswahl von Themengebieten zu diskutieren – diejenigen, die sich in meinen Augen als die wichtigsten für einen Manager in F&E erwiesen haben.

Ich beziehe mich auch nur auf einige wenige Theorierichtungen, die drei von mir selbst gestellten Anforderungen standhalten. Erstens sollen sie *robust* sein; es muß eine Menge an empirischen Beweisen für die Gültigkeit und Verläßlichkeit der Theorie vorliegen, die über einen langen Zeitraum hin gesammelt wurden. Zweitens sollen sie *kurz und bündig* zu fassen sein; einige Verhaltens- und Erkenntnistheorien sind zwar robust, aber so kompliziert, daß ein Manager sie nicht ohne weiteres in die Praxis umsetzen kann. Drittens sollen sie sich in meiner eigenen Erfahrung als *nützlich* speziell für Manager in Forschung und Entwicklung erwiesen haben.

Im Verlaufe fast eines Jahrzehnts hatte ich Gelegenheit, mit einer ganzen Reihe robuster und übersichtlicher Theoriegebäude zu experimentieren – sei es in meiner Tätigkeit in der Lehre oder als Beraterin von Forschungseinrichtungen. So habe ich herausgefunden, welche Theorie in der Praxis *funktioniert*. Haben Sie außer Ihrem Doktorgrad eine wirtschaftswissenschaftliche Ausbildung (z. B. ein MBA-Programm) absolviert oder sozialwissenschaftliche Vorlesungen gehört, dann fällt Ihnen sicher auf, daß ich mich auf die Bedürfnistheorie von McClelland, das Führungsstilmodell von Fred Fiedler und Edgar Scheins Kulturtheorie beziehe. Der Grund für diese Auswahl ist, daß die Theorien die oben genannten Kriterien erfüllen. Vielleicht begegnen Sie weiteren Modellen, die für Sie nützlich sind, und ich fordere Sie ausdrücklich dazu auf, auch andere als dieses Buch zu Rate zu ziehen. Doch die Schwerpunkte, die ich hier ausgesucht habe, sind mit Absicht so und nicht anders gewählt.

Schließlich habe ich versucht, das Wesentliche aus meinen Erfahrungen – gesammelt während meiner Promotionszeit auf dem Gebiet der Organisationstheorie, meiner Tätigkeit im Management und während eines Jahrzehnts Lehr- und Beratertätigkeit – herauszuziehen. So sollten die Ideen, die ich entwickle, leicht zu verstehen und anzuwenden sein (ich folge dabei dem Rat eines Wissenschaftlers, der mir sagte: „Jeder Dummkopf kann sich etwas Kompliziertes ausdenken.") An den Beginn dieses Buches (und Ihrer Reise zur Manager-Weisheit) habe ich etwas gestellt, was ein Forscher als „persönlichen Augenöffner" bezeichnete. Jedes Kapitel sollten Sie lesen, darüber nachdenken und es noch einmal lesen. Und jedesmal, wenn Sie das Buch zu Hand nehmen, hat sich Ihr Erfahrungsschatz erweitert und gewinnen Sie neue und tiefere Einsichten, die Sie direkt auf Ihre Situation anwenden können. Wenn Sie gewillt sind, mit dem Buch in der beschriebenen Weise umzugehen – also darin zu lesen, nachzudenken und wieder zu lesen –, bin ich überzeugt, daß Sie damit folgendes erreichen:

1. Sie werden etwas über sich selbst lernen. Was motiviert Sie an Ihrem Arbeitsplatz, welcher ist Ihr bevorzugter Führungs- (Entscheidungs-, Problemlösungs-) Stil? Ich glaube fest daran, daß das Verständnis der eigenen Persönlichkeit, der eigenen Stärken und Schwächen den ersten Schritt auf dem Weg zu Weisheit und Effektivität in der Menschenführung darstellt – denn auf diese Weise lernen Sie, zu bemerken und zu würdigen, was andere Menschen motiviert. Daraus wiederum können Sie Rückschlüsse auf wichtige Aspekte der Einstellungs- und Ausbildungspraxis ziehen. Derartige Einsichten sind wichtig, ob Sie nun an Ihre eigene Karriere oder an das Fortkommen andere Wissenschaftler Ihrer Umgebung denken.
2. Sie werden lernen, die Kultur Ihrer Einrichtung zu analysieren und herauszufin-

den, ob diese Kultur die Kreativität fördert oder hemmt. Jede Organisation, die älter ist als ein paar Monate, entwickelt ihre spezifische Kultur. Elemente dieser Kultur können die Entwicklung Ihrer Organisation in die von Ihnen gewünschte Richtung – nämlich zu einer Gruppe schwungvoller, innovativer, produktiver Menschen – fördern oder unterdrücken. Sie lernen, woraus die Kultur besteht, wie sie sich herausbildet und wie sie Denk- und Verhaltensweisen beeinflussen kann. Dieses Wissen versetzt Sie in die Lage, die Auswirkung der Kultur auf die Leistungsfähigkeit Ihrer eigenen Organisation zu bewerten und Aspekte zu ändern, die der Kreativität schaden.
3. Sie werden lernen, wie Struktur, Größe und formale Abläufe zu gestalten sind, um das Innovationspotential einer F&E-Einrichtung zu steigern. Ein Manager, der fähig ist, eine *organische* Struktur aufzubauen, die sich (unter anderem) durch laterale Beziehungen zwischen den Wissenschaftlern auszeichnet, kann die Kreativität von F&E positiv beeinflussen – dafür gibt es hinreichend Beweismaterial.
4. Sie werden sich mit Techniken der effektiven Kommunikation und Auseinandersetzung vertraut machen. Grundsätzliche Kenntnisse zur Gruppendynamik helfen Ihnen, Kooperationen zu entwickeln, wenn es erforderlich ist – beispielsweise innerhalb eines Projektteams. Es reicht bei weitem nicht aus, qualifizierte und fähige Wissenschaftler mit einer gemeinsamen Aufgabe an einen Tisch zu setzen – so entsteht kein *Team*. Um wirkliche Teamarbeit zu erreichen, müssen Sie Motivationen, Führungsstile und Aspekte der Kommunikation und Konfrontation verstehen, ob es nun um die Kooperation zwischen Individuen oder zwischen größeren Gruppen (Chemie und Pharmakologie, F&E und Marketing) geht.
5. Keine Organisation ist perfekt. Das letzte Kapitel dieses Buches beschäftigt sich daher mit der Gestaltung und dem Management das Wandels – der Veränderungen, die vielleicht notwendig sind, damit Ihre Organisation schwungvoller, innovativer und produktiver arbeitet. Sie lernen zwei prinzipielle Taktiken des Wandels kennen , erfahren, wann sie welche Taktik anwenden sollten und welche Probleme sich ergeben könnten.

Wenn Sie dieses Buch aus der Hand legen, dann hoffe ich, daß Sie sich selbst und Ihre Kollegen besser als Menschen verstehen, Ihre F&E-Einrichtung systematischer und gründlicher analysieren können, und daß Sie besser darauf vorbereitet sind, einmal erkannten Problemen effektiv zu begegnen.

Nachbemerkung

Zum Schreiben dieses Buches regte mich folgende Beobachtung während meiner Lehr- und Beratertätigkeit an: Vielen Wissenschaftlern ist anscheinend nicht bewußt, daß die menschliche Seite der Forschung ein Fach ist, das man genauso erlernen muß und kann wie die jeweils eigene Wissenschaftsdisziplin. Wiederholt habe ich Manager in zwei Fallen geraten sehen: Manche von ihnen verhalten sich, als ob es einen Algorithmus für das Wissenschaftsmanagement gäbe, und als ob die Anzahl der Entdeckungen in ihrer Organisation proportional zur Anzahl der beschäftigten Menschen und eingesetzten Mittel zunähme. Andere nehmen wohl an, daß die Innovation ein vollkommen stochastischer Prozeß und die Diskussion über die Qualität des sozialen Umfeldes daher im Grunde müßig ist.

Beide Einstellungen blockieren den Lernwillen. Wenn Sie eine effektive Führungspersönlichkeit in F&E werden wollen, dann müssen Sie die persönlichen (im Gegensatz zu den beruflichen, technischen) Stärken und Schwächen – Ihre und die anderer – verstehen, die Dynamik menschlichen Verhaltens durchschauen, aufmerksam die Umstände analysieren, die zu Erfolg oder Versagen führen, und stets von allen denen ein Feedback suchen, die von Ihren Entscheidungen betroffen sind.

Forscher erfolgreich zu managen ist eine wichtige und schwierige Aufgabe, wie Sie zweifellos aus eigener Erfahrung oder Beobachtung bereits wissen. Sie haben erkannt, daß Ihre Ausbildung Sie vermutlich nicht genügend auf diese Aufgabe vorbereitet hat. Ich hoffe, dieses Buch wird Ihnen helfen.

Danksagung

Bücher haben lange Entwicklungszeiten und werden von vielen Faktoren beeinflußt. Ich hätte gute Gründe, bis zu meinem eigenen Chemiestudium am Stonehill College zurückzublicken und meinen Professoren zu danken, bei denen ich den langen Weg begann, der letztlich diese Frucht hervorbrachte (und hiermit danke ich ihnen). Nicht so weit zurück liegen die Einflüsse von Paul Lawrence, Professor für Organisationstheorie während meiner Magister- und Doktorarbeit an der Harvard Business School, und Bill Curran, der mich anregte, eine Vorlesung in Organisationstheorie für seinen Kurs für Führungskräfte an der Harvard School for Public Health zu entwickeln. Durch Bill lernte ich die bemerkenswerten Wissenschaftler kennen, die mich wirklich zum Schreiben dieses Buches inspirierten – die Studenten dieser Kurse, die mir geduldig halfen, ihre individuellen Anliegen zu verstehen, und die Wissenschaftsmanager, die mir ihre Geschichten erzählten und damit das Material zu den Fallstudien lieferten, die ich in den Vorlesungen verwende. Bill und allen diesen Leuten gilt meine tiefe Dankbarkeit. Das Buch wäre nicht zustande gekommen ohne die Starthilfe durch Mike Williams und seine Kontakte zu John Wiley. Danke, Mike, für den Rippenstoß... In der heißen Phase des Schreibens profitierte ich enorm von der Hilfe durch Diana Stork, Desmond Fitzgerald und Dianne Mahany. Als die Arbeit schon dem Ende entgegenging, gab mir Joe Lombardino umfassendes Feedback zum Projektmanagement und dem organisatorischen Wandel. Über die gesamte Zeit hinweg mühte sich Ivan Jensen mit mir durch den Text, Zeile für Zeile. Vielen, vielen Dank...

Ermutigung und Unterstützung erhielt ich auch von Susan King von John Wiley, mit der ich viele Tassen Kaffee in New York City leerte, und ihren Kollegen. Ich bin ihnen dankbar, daß sie mir halfen, einen Traum zur Wirklichkeit werden zu lassen.

Inhalt

Kapitel 1
Einführung
Wissenschaftliche Forschung und Entwicklung: Der Kontext   1

Kapitel 2
Was motiviert Sie – was motiviert andere?   9

Kapitel 3
Ihr Führungsstil und der Führungsstil anderer   32

Kapitel 4
Unternehmenskultur erkennen und bewerten   44

Kapitel 5
Kreativität: Der Einfluß von Aufbau, Größe und formalen Abläufen   62

Kapitel 6
Effektive Kommunikation   74

Kapitel 7
Konflikte bewältigen   92

Kapitel 8
Projektmanagement   108

Kapitel 9
Management des Wandels   124

Deutschsprachige Literatur   141

Register   143

1 Einführung

Wissenschaftliche Forschung und Entwicklung: Der Kontext

Die folgenden acht Kapitel beschäftigen sich mit der Funktionsweise von Einrichtungen, in denen Forschung und/oder Entwicklung (F&E) betrieben wird. Zu Beginn, in Kapitel 1, soll jedoch ein kurzer Überblick über den weiteren politisch-ökonomischen und institutionsstrategischen Kontext von F&E gegeben werden; dabei wollen wir klären, von welchen äußeren Quellen Druck auf Sie als Manager ausgehen kann. Für das Verständnis der Kapitel 2 bis 9 ist es notwendig, daß Sie Probleme, die von außen kommen (und im allgemeinen nichts mit zwischenmenschlichen Beziehungen zu tun haben), von Problemen unterscheiden können, die in Ihrer F&E-Einrichtung selbst entstanden sind (und in der Regel mit Beziehungen zwischen den Menschen verknüpft sind).

Politisch-Ökonomischer Kontext

Die politische Ökonomie wissenschaftlicher Forschung und Entwicklung in allen Industriestaaten wird durch den folgenden Auszug aus dem Bericht des *US National Critical Technologies Panel* an den damaligen amerikanischen Präsidenten Bush verdeutlicht:

> Erst kürzlich wurde uns die Schlüsselrolle der Technologie in Bezug auf die militärische Verteidigungsfähigkeit vor Augen geführt. Gleichermaßen von Bedeutung ist die Technologie zweifellos für die wirtschaftliche Wettbewerbsfähigkeit der Staaten.
> In einer Zeit des immer härteren globalen Wettbewerbs ist die technologische Entwicklung einer der strategischen Kampfschauplätze des internationalen Marktes.[1]

Die Verknüpfung von wissenschaftlichem und technischem Fortschritt einerseits und ökonomischer Konkurrenzfähigkeit andererseits erscheint uns heute völlig logisch. Entdeckt wurde dieser Zusammenhang jedoch erst vor relativ kurzer Zeit: Erste Ansätze stammen von dem niederländischen Wirtschaftswissenschaftler van Gelderen (Beginn des 20. Jahrhunderts); aufgegriffen und ausgearbeitet wurden sie von Kondratiev, einem russischen Ökonomen, dessen Name mit dem Begriff der „langen Konjunkturwellen" (langen Zyklen ökonomischen Wachstums) verbunden ist. (Der Titel von Kondratievs Aufsatz lautete „Lange Wellen in der Wirtschaft" (1926).[2])

Entsprechend einer bestimmten Auslegung dieser Theorie befinden wir uns jetzt im fünften Kondratiev-Zyklus der Wirtschaftswachstums seit der Industriellen Revolution.[3] Der erste lange Zyklus wurde durch wissenschaftliche und technische Fortschritte vor allem in der Textilproduktion ausgelöst, der zweite durch die Erfindung von Dampfmaschine und Eisenbahn, der dritte durch Neuerungen im Elektro- und Schwermaschinenbau, der vierte schließlich durch Fortschritte in der Massenproduktion.

Der fünfte Kondratiev-Zyklus begann etwa 1980. Seine Triebkräfte sind insbesondere die stürmischen Entwicklungen der Halbleiterindustrie und Mikroelektronik, die die gesamte Rechentechnik revolutionierten. Gemeinsam mit den Fortschritten besonders in Biotechnologie und Materialforschung mißt man diesen Veränderungen strategische Bedeutung zu: Man erwartet von ihnen eine ähnliche Revolutionierung der Weltwirtschaft des 21. Jahrhunderts, wie sie von Dampfkraft und Elektrizität um die Jahrhundertwende vom 19. zum 20. Jahrhundert bewirkt wurde.

Dazu lesen wir in einem Bericht des *U.S. Office of Technology Assessment*:

> Diese Erfindungen [Dampfkraft und Elektrizität] bewirkten viel mehr, als nur die Arbeitsmethoden der Vergangenheit zu verbessern. Sie veränderten grundlegende Ansichten über die menschliche Erfindungsgabe, indem vormals unbezwingbar erscheinende Grenzen überschritten wurden. Ihre Wirkung reichte weit über den Markt hinaus, für den sie eigentlich erfunden worden waren: Jede Gruppe neuer Technologien führte zu einem raschen Wachstum von Wohlstand, Lebensstandard und Beschäftigungszahlen.[4]

Der gegenwärtige, durch neuentwickelte Technologien geförderte Zyklus unterscheidet sich jedoch grundsätzlich von den Wachstumsperioden der Vergangenheit. Während der bisherigen Kondratiev-Zyklen wurden wissenschaftlich-technische Fortschritte durch viele kleine Bausteine vorbereitet und umgesetzt (etwa das, was deSolla Price als „Mauerbau der Gelehrten" bezeichnete[5]). Grundlegende Entdeckungen und Neuerungen, wie die Einführung der Computertechnik in großem Maßstab, die Gentechnologie, die Supraleitung und andere, führten nach dem Zweiten Weltkrieg jedoch zu raschen Fortschritten in der Wissenschaft. Aufschlüsse, die man zu einem bestimmten Problem erhält, lösen auch andere Fragen, die in der Vergangenheit nicht oder nur unbefriedigend beantwortet wurden. So entstehen „Kaskaden" der Erkenntnis, die viele Wissens- und Technologiegebiete durchdringen und zum Teil neue umwälzende Entdeckungen fördern können. Allein durch den Zwang, mit dem ständig schneller werdenden Entwicklungstempo mitzuhalten und über die für Sie relevanten Gebiete auf dem laufenden zu bleiben, stehen Sie daher unter einem enormen Druck.

Weitere Zwänge werden durch die Politik und die Gesetzgebung ausgeübt. Die Regierungen aller Industriestaaten reagierten in ähnlicher Weise auf die Erfassung der strategischen Bedeutung von Wissenschaft und Technik in den letzten beiden Jahrzehnten: Die F&E im öffentlichen Sektor wurde als zukunftsträchtige Quelle grundlegender Entwicklungen erkannt und unterstützt. Die Privatwirtschaft wird ermuntert, in potentielle Neuerungen zu investieren und diese weiterzuentwickeln; besonders gefördert wird die Zusammenarbeit zwischen privaten und öffentlichen Einrichtungen. Diese Politik und Gesetzgebung spiegelt einerseits wider, wie sich die Regierung mit den Belangen von Wissenschaft und Technik und ihrem ökonomischen Einfluß auseinandersetzt; der Effekt, den andererseits Sie als Manager spüren, ist allerdings der Druck zu „liefern" – und zwar möglichst rasch.

Nicht nur die politisch-ökonomischen Gegebenheiten üben Zwänge auf Sie aus. Auch institutionsstrategische Zusammenhänge beeinflussen Sie – besonders bei der Beschaffung von Ressourcen. Der nächste Abschnitt erläutert einige der strategischen und geschäftsbezogenen Vorgänge, die sich auf Entscheidungen im F&E-Bereich aller wissenschaftlichen und technischen Einrichtungen auswirken.

Institutionsstrategische Zusammenhänge

Der Begriff *Strategie* bezeichnet ursprünglich einen Plan, Krieger und Ausrüstung in einer Schlacht so zu verteilen, daß der Feind besiegt werden kann. Wie sich an dem bereits erwähnten Zitat des „strategischen Schauplatzes" des ökonomischen Wettbewerbs erkennen läßt, wird der Begriff heutzutage in allgemeinerem Sinne verwendet: Eine Strategie ist eine Vorschrift, nach der eine Einrichtung arbeitet, um zu wachsen und zu florieren und nach Möglichkeit besser zu sein als ihre Mitbewerber. Jede Institution hat Konkurrenten – um politischen Einfluß, um Kunden, um Anerkennung, um Kapital – der Begriff „Strategie" ist daher für Staaten und Universitäten ebenso von Bedeutung wie für privatwirtschaftliche Unternehmen.

Die Entwicklung der Strategie – die *strategische Planung* – kann anhand dreier Stufen der Erfahrung des Managers beschrieben werden. Auf der untersten Ebene reagiert der Manager *opportunistisch* auf Ereignisse, Trends und Probleme, die seine Aufmerksamkeit erregen. Beispielsweise könnte das Management eines technologisch weit fortgeschrittenen Unternehmens entscheiden, mit einigen Neulingen der Branche strategische Verträge abzuschließen – etwa aus Steuergründen oder wegen anderer, von Politik und Gesetzgebung geschaffener Anreize. Ohne grundsätzliche Entscheidungen und Anstrengungen, sich über diese Erfahrungsstufe hinaus zu bewegen, endet diese opportunistische und reaktive „strategische Planung" jedoch unweigerlich bei einem Minimum an Strategie und Leistungsfähigkeit.

Auf einer höheren Erfahrungsstufe versucht der Manager, sein Unternehmen zu *positionieren*, indem er dessen Stärken und Schwächen und die Möglichkeiten und Einschränkungen der Umgebung zu bewerten versucht. Das Management des schon erwähnten Unternehmens könnte also entscheiden, sich nur mit solchen Branchenneulingen strategisch zu verbünden und damit die Anreize der Regierung auszuschöpfen (Möglichkeit der Umgebung), die das bereits vorhandene F&E-Spektrum sinnvoll ergänzen (Schwäche des eigenen Unternehmens). Die Methode der Positionierung kann befriedigende, jedoch nicht außergewöhnliche Erfolge in Strategie und Leistungsfähigkeit bewirken.

Auf der höchsten Erfahrungsstufe versucht der Manager, *aktiv* auf seine Umgebung *einzuwirken* (*eingreifende* Planung): Er faßt die Umwelt nicht als gegebene Größe auf, sondern bemüht sich abzuschätzen, was sein *könnte* und wie man dies *erreichen* kann. Das Management unseres Beispielunternehmens könnte etwa feststellen, daß die nächste bahnbrechende Entdeckung auf dem Gebiet der Supraleitung wahrscheinlich an einer relativ unbekannten Universität erfolgen wird. Sofort wird das Unternehmen versuchen, diese Arbeit (beispielsweise finanziell) zu unterstützen und eine intensive Zusammenarbeit mit den entsprechenden Wissenschaftlern aufzubauen. Ist der Durchbruch in der Forschung erzielt, hat das Unternehmen mit den ersten Nutzen davon.

Die Schritte der eingreifenden Planung kann man in folgenden vier Punkten zusammenfassen:

- Definition des strategischen Ziels (Vision) der Einrichtung;
- Bewertung der Umwelt (Position im Wettbewerb, Entwicklung äußerer Faktoren wie z. B. der Fronten wissenschaftlicher Entwicklung);
- Bestimmung der Nahziele und taktischen Operationen, ausgehend vom strategischen Ziel und der Bewertung von Umwelt und eigenen Möglichkeiten;
- Experimentieren, Gewährleistung und Förderung von Rückkopplung (Feedback), Einschätzung der Leistungsfähigkeit usw.

Indem zunächst ein strategisches Ziel, eine „Vision", definiert und möglichst allgemein innerhalb der Einrichtung verbreitet wird, motiviert man die Mitarbeiter für einen längeren Zeitraum und gibt ihren Anstrengungen eine gemeinsame Richtung. Nur dieser erste Schritt kann abgeschlossen und zur Seite gelegt werden: Die *Strategie* muß einen Entwicklungsweg der Institution festlegen, der wenigstens für das nächste Jahrzehnt gültig ist. Die drei anderen Schritte richten die Koordinaten dieses Weges in kürzeren Zeitabschnitten aus und dosieren die Impulse gerade so, daß das Ideal des strategischen Ziels erreicht werden kann.

Man kann sich leicht vorstellen, daß umfassende analytische Untersuchungen notwendig sind, um die eigene Position im Wettbewerb zu lokalisieren (unter Berücksichtigung gegenwärtiger und potentieller Konkurrenten, Lieferanten, Abnehmer und

Anbieter vergleichbarer Produkte bzw. Leistungen[6]), äußere Kräfte zu erkennen und die Leistungsfähigkeit des eigenen Unternehmens einzuschätzen. Dieser Prozeß führt zur Festlegung einer Strategie und damit eines Rahmens und einer Richtlinie für zukünftige Entscheidungen über die Aufteilung von Ressourcen, um die Strategie umzusetzen.

In der Realität ist die Umsetzung einer Strategie und die damit verbundene Profilierung von F&E mit einer Reihe von Problemen verbunden, die einen zusätzlichen Druck auf Sie als Manager nach sich ziehen. Die Strategie ist in der Praxis kein abstraktes Gebilde mehr: Die notwendigen Ressourcen (Kapital, Platz, Zeit, Personal, Ausrüstung) schweben nicht im luftleeren Raum. Überall sind Menschen, ihre gerechtfertigten Interessen, wirklichen oder eingebildeten Machtbefugnisse im Spiel.

Betrachten wir ein Beispiel: Ein mittelgroßes europäisches Unternehmen, das auf die Herstellung von Keramik- und Kompositwerkstoffen spezialisiert ist, nimmt sich 1989 vor, bis zum Jahr 2000 der weltweit führende Produzent einer Reihe neuartiger Materialien zu werden. Um dies zu erreichen, erkennt die oberste Leitungsebene die Notwendigkeit, F&E-Kapazität zu verschieben – von einem Unternehmensbereich der Keramikherstellung mit zwar stabilem Marktanteil, aber bereits ausgereiften Technologien (A), in einen Bereich mit bisher kleinem Marktanteil, aber großem Wachstumspotential in der Entwicklung neuer Werkstoffe (B). Dem Manager der Werkstoffentwicklung (B) wird (nicht überraschend) bald klar, daß der Manager des Keramikbereichs (A) diese Verschiebung zu hintertreiben versucht, indem er die Fähigkeiten der in der Werkstoffentwicklung beschäftigten Wissenschaftler in Frage stellt. So ist das Management des Entwicklungsbereichs (B) zweifach unter Druck – einmal durch die stürmischen Fortschritte des betreffenden Wissenschaftsgebietes und zum anderen durch den Zwang, die allgemeine Unternehmensstrategie zu verteidigen.

Entscheidungen zum Unternehmensprofil (Portfolio) betreffen die F&E-Abteilungen in hohem Maße; idealerweise werden sie innerhalb der strategischen Planung getroffen. Ausgehend vom beschränkten verfügbaren Kapital ist ständig zu analysieren, welche der laufenden Projekte mit welcher Priorität fortgeführt werden sollen. Jährlich oder in anderen regelmäßigen Zeitabständen ist zu überprüfen, ob gegenwärtige Vorhaben wissenschaftlich oder technisch ausführbar sind, wie weit sie bereits fortgeschritten sind, welcher Fortschritt anderer Einrichtungen zu verzeichnen ist (wie sich demzufolge der Wettbewerb gestalten könnte) und welchen Nutzen man nach Abschluß des Projekts erwarten kann – unabhängig davon, ob dieser direkt im Absatz von Produkten besteht oder in verbesserten Chancen auf weitere Förderung der Einrichtung. Dabei muß nicht betont werden, daß auch hier Menschen, ihre Interessen und Machtverhältnisse eine Rolle spielen. Druck auf Sie wird ausgeübt durch ständige Diskussionen über Kriterien der Reihenfolge von Projekten, über Annahmen, die eine Schlüsselrolle innerhalb der Projekte spielen, über die Verläßlichkeit von Informationen und Genauigkeit von Daten, organisatorische Fähigkeiten und so weiter.

Im Idealfall sollten sich aus der Unternehmensstrategie und ihrer Umsetzung in das Unternehmensprofile vernünftige Entscheidungen zur Verteilung der Ressourcen ergeben. Als Manager in F&E werden Sie jedoch erfahren (wenn Sie diese Erfahrung nicht bereits gemacht haben), daß die Realität völlig anders aussehen kann. Machtverhältnisse, Politik und Beziehungen – der rechte Ansprechpartner zur rechten Zeit – ziehen oft Auswirkungen ähnlicher Tragweite nach sich wie Entscheidungen der Vernunft.

In den folgenden Kapiteln – deren Inhalt im Anschluß kurz zusammengefaßt wird – wollen wir von einer reichlich kühnen Annahme ausgehen: Alle Ihre Mitarbeiter – im F&E-Bereich ebenso wie im gesamten Unternehmen – sollen mit den strategischen und profilorientierten Entscheidungen des Managements einverstanden sein. Ihre „einzige" Aufgabe ist es daher, ein enthusiastisches, energiegeladenes und kreatives Wissenschaftlerteam zu führen und zu motivieren und die F&E effektiv zu organisieren und zu leiten.

Übersicht über die folgenden Kapitel

Zunächst sollten Sie die Kapitel 2 und 3 durcharbeiten. Jedes von ihnen enthält eine wichtige Aufgabe (die Ihnen im Vorwort als persönliche „Augenöffner" angekündigt wurde); damit die Ergebnisse aussagekräftig sind, müssen die Aufgaben in der angegebenen Reihenfolge bearbeitet werden. Auf die Resultate wird im Verlauf des Buches immer wieder zurückgegriffen.

Kapitel 2 beginnt mit einem zentralen Thema – der Motivation. Hier finden Sie die erste Aufgabe, die Ihnen beim Verständnis Ihrer eigenen motivationsbezogenen Bedürfnisse hilft. Anhand dreier Fallbeispiele wissenschaftlicher Laufbahnen lernen Sie zu interpretieren, was Ihre Mitmenschen sagen und tun – besonders sollen Sie versuchen, Bedürfnisse hinsichtlich der Motivation zu erkennen. Das Kapitel endet mit der Diskussion einiger Schlußfolgerungen sowohl für Ihre eigene Karriere als auch für die Einstellung, Ausbildung und Förderung Ihres Personals.

Die Reihenfolge Ihrer motivationsbezogenen Bedürfnisse hängt eng mit Ihrem Führungsstil zusammen. Kapitel 3 enthält die zweite Aufgabe; im Mittelpunkt steht die Erkenntnis, daß der Führungsstil an Merkmale der jeweiligen Arbeitssituation angepaßt werden sollte. Wieder diskutieren wir zwei Fallbeispiele – zwei Forschungsmanager, die jeder einen besonderen Führungsstil vertreten – als Hilfestellung für Sie bei der Analyse Ihres eigenen Stils und des Stils Ihrer Mitarbeiter. Einige Folgerungen aus dem Führungsstil für Sie, Ihren Chef und Ihr Personal diskutieren wir am Ende des Kapitels.

In Kapitel 4 wird ein Modell der Unternehmenskultur besprochen. Es wird gezeigt, wie Sie die drei Stufen der Kultur in Ihrer Organisation unterscheiden können. Anhand einiger Beispiele untersuchen wir, auf welche Weise die Kultur (die sich in grundlegenden Ansichten über das soziale Umfeld äußert) die Entwicklung eines leistungsfähigen, produktiven, innovativen F&E-Bereichs fördern oder hemmen kann.

Das Innovationspotential wird – neben der Unternehmenskultur – auch von anderen Aspekten des sozialen Umfelds beeinflußt. Kapitel 5 beginnt mit einigen allgemeinen Bemerkungen zur Kreativität und untersucht dann potentielle Auswirkungen von Struktur, Größe und formalen Abläufen in der gesamten Einrichtung auf die Innovationsfähigkeit der F&E.

Kapitel 6 spricht eine der wichtigsten Aufgaben einer Führungskraft an – die effektive Kommunikation. Wir diskutieren zunächst den Kommunikationsprozeß in seiner Gesamtheit; viel Raum wird dabei der Darstellung von Problemen der einfachen mündlichen oder schriftlichen Kommunikation in einer Einrichtung der F&E gegeben. Auch Lösungen werden angeboten. Anschließend wird die (beabsichtigt oder unabsichtlich) weitergegebene Information untersucht; als Fallbeispiel dient eine Diskussion dreier Wissenschaftler über eine geplante Fusionierung. Den Abschluß des Kapitels bilden neueste Erkenntnisse der Kommunikationsforschung über das Verhältnis zwischen dem gewählten Kommunikationsmedium und wesentlichen Merkmalen der übertragenen Botschaft.

Im Mittelpunkt von Kapitel 7 steht die Beschreibung mögliche Konfliktherde in F&E und das Verständnis der kompromißbereiten Auseinandersetzung als effektivstes Mittel des Konfliktlösung. Die Gegenüberstellung auseinandergehender Ansichten ist von entscheidender Bedeutung für die Schaffung einer Atmosphäre der intellektuellen Herausforderung in Ihrer Einrichtung.

Kapitel 8 verbindet Motivation und Führungsstil mit der Gruppendynamik; der Schwerpunkt liegt auf der Zusammenarbeit innerhalb von Programm- und Projektteams. Die ideale Zusammensetzung eines Teams hinsichtlich der Motivationsbedürfnisse seiner Mitglieder wird beschrieben. Die Theorie des Lebenszyklus eines Projektes wird mit dem Gruppenverhalten in Zusammenhang gebracht; es wird gezeigt, wie der Projektleiter seinen Führungsstil den verschiedenen Phasen des Projekts anpassen sollte. Abschließend diskutieren wir die Theorie der Organisationsmatrix.

Kein Institut, kein Unternehmen kann perfekt sein. In Kapitel 9 wird daher besprochen, wie Veränderungen zu bewältigen sind. Zwei grundlegende Modelle der strukturellen Veränderung und ihre jeweiligen Anwendungsgebiete werden vorgestellt. Der Sprache des Managers – insbesondere rhetorischen Bildern –, einem wichtigen Hilfsmittel beim Management von Veränderungen, wird eine zentrale Position eingeräumt. Praktische Beispiele diskutieren wir auch zu diesem Themenkreis.

Nach der Lektüre dieses Buches sollten Sie in der Lage sein, sich und Ihre Mitarbeiter besser als Menschen zu begreifen. Sie sollten die Organisation von F&E systematischer und exakter analysieren können und neue Wege kennengelernt haben, Problemen in der Praxis effektiv zu begegnen. Kurz: Sie sollten ein *besserer* Manager geworden sein.

Anmerkungen

1. Bericht des *National Critical Technologies Panel*, Arlington, Virginia, März 1991, S. i und 1
2. Den Zusammenhang zwischen Wissenschaft, Technik und Wirtschaftswachstum diskutiert Peter Dikken in *Global Shift*, Harper & Row, New York 1986.
3. Diese Herangehensweise finden Sie in Christopher Freeman, Carlotta Perez, „Structural Crises of Adjustment, Business Cycles, and Investment Behaviour", in Dosi et al., *Technical Change and Economic Theory*, Pinter, London 1988
4. U.S. Office of Technology Assessment, Technology and the American Economic Transition, Washington D.C. 1988, S. 15.
5. Derek deSolla Price, *Little Science, Big Science... and Beyond*, Columbia University Press, New York 1986, S. 58.
6. Siehe zum Beispiel Michael Porter, *Competitive Strategy*, The Free Press, New York 1990.

2 Was motiviert Sie – was motiviert andere?

Stellen Sie sich Folgendes vor: Sie wachen morgens auf, bevor der Wecker klingelt, und sehen dem kommenden Tag mit freudiger Erwartung entgegen. Ihren Kaffee nehmen Sie mit ins Auto und sind schon vor den meisten Ihrer Mitarbeiter im Labor. Am frühen Nachmittag gehen Sie mit den Kollegen in die Kantine und essen ein Brötchen, wobei eine intensive Diskussion über das gerade geplante Experiment fortgesetzt wird. An Ihren Schreibtisch zurückgekehrt, merken Sie gar nicht, wie schnell die Zeit vergeht; jemand fragt Sie, wann Sie nach Hause fahren wollen, und Sie stellen mit Bedauern fest, daß es schon weit nach 18 Uhr geworden ist.

Was ist Motivation?

Der Begriff „Motivation" leitet sich vom lateinischen *movere*, „bewegen", ab. Dabei soll unter „Bewegung" nicht verstanden werden, daß man etwa einen Eimer zum Brunnen bringt – es geht darum, jemanden zum Handeln zu bewegen (zu bringen). „Motivieren" bedeutet in diesem Buch, Menschen zu so begeistertem und energiegeladenem Arbeiten zu bewegen, wie es im einführenden Szenario dargestellt wurde. Für motivierte Menschen ist kaum etwas unmöglich: Begrenzte Mittel? Sie finden Alternativen. Unlösbare Probleme? Sie denken darüber nach und lassen nicht locker, bis sich doch eine Lösung gefunden hat.

Motiviert zu sein, heißt, seine Arbeit buchstäblich zu lieben. Das fällt natürlich an manchen Tagen leichter als an anderen. Aber immer sollten Sie, Ihre Kollegen, Ihr Chef und die Ihnen untergeordneten Mitarbeiter mit angenehmen Erwartungen an die Arbeit gehen, der Arbeitstag sollte schnell und mit Freude vorübergehen.

Was können Sie tun, damit in Ihrer Forschungseinrichtung die Mehrheit der Menschen die meiste Zeit über motiviert ist?

Aus umfangreichen Forschungsarbeiten auf dem Gebiet des Managements lassen sich einige grundsätzliche Empfehlungen ableiten:[1]

Erstens: Die Arbeitsbedingungen müssen vernünftig sein. In den Labors wird auf Arbeitsschutz geachtet, es ist zumindest ausreichend Platz vorhanden, die Arbeits-

räume sind freundlich eingerichtet, die benötigte Ausrüstung steht zur Verfügung und so weiter.
Zweitens: Das Personal muß fachkundig und angemessen ausgebildet sein.
Drittens: Das Personal muß überzeugt sein, daß seine Anstrengungen zielgerichtet sind (zum Beispiel der Erforschung der genetischen Ursachen einer Krankheit dienen) und daß das Ergebnis positive Auswirkungen haben wird (daß das Projekt erfolgreich sein wird, daß die Leistungen von anderen Wissenschaftlern anerkannt werden). Das Personal muß diese „Belohnung" schätzen.
Viertens: Das Personal muß fair behandelt und bezahlt werden; die Entlohnung muß dem Vergleich mit ähnlichen Einrichtungen standhalten.
Fünftens: Man darf vom Personal niemals verlangen, Unmögliches zu leisten – aber jeder Mitarbeiter muß herausgefordert werden, das zu überschreiten, was er für seine Grenzen hält.

Eines sollte klar sein: Man kann Menschen *nicht* motivieren,
- wenn man sie unter gefährlichen oder grundsätzlich ungünstigen Bedingungen arbeiten läßt;
- wenn man sie für Aufgaben einsetzt, denen sie von Ausbildung und Fachkenntnis her nicht gewachsen sind;
- wenn man ihnen nicht vermitteln kann, daß ihre Anstrengung zu einer Gruppenleistung und die Gruppenleistung zu einem Ergebnis führt, oder wenn sie nicht hinter dem angepeilten Ergebnis stehen;
- wenn man sie nicht fair behandelt und nicht gerecht bezahlt;
- wenn man sie nicht so fördert und fordert, daß sie ausgezeichnete Leistungen erbringen.

Diese Ratschläge sind eigentlich trivial. Bei den folgenden Überlegungen gehen wir davon aus, daß sie nicht zur Diskussion stehen. Darüber hinaus zeigen wissenschaftliche Untersuchungen jedoch, daß die Motivation in einer F&E-Einrichtung auch davon abhängt, inwieweit a) die persönlichen Fähigkeiten, b) die Anforderungen der Tätigkeit und c) der organisatorischer Aufbau des Instituts aufeinander abgestimmt sind.[2]

Die drei Kreise im Venn-Diagramm (Seite 11), die diesen Zusammenhang veranschaulichen sollen, wurden weiter in technische und menschliche Aspekte unterteilt. Zu den *persönlichen Fähigkeiten* gehören Ausbildung, Einarbeitung und Fertigkeiten (technische Faktoren) sowie Selbstvertrauen, Risikobereitschaft, Ambiguitätstoleranz*, arbeitsbezogene Bedürfnisse und Führungsstil (menschliche Faktoren). Einige *Anforderungen der Tätigkeit* findet man gewöhnlich in der Stellenbeschreibung wieder: Verantwortung und Pflichten, erforderliche Kenntnisse und Fertigkeiten so-

---

* Ambiguitätstoleranz: Fähigkeit zum Ertragen und Bewältigen mehrdeutiger Situationen. (Anm. d. Übers.)

wie Erfahrung (technisch) – andere werden in der Regel nicht aufgeführt, wie Geduld, Diplomatie, Fähigkeit zum Zuhören und Sinn für Humor (menschlich). Der *organisatorische Aufbau* umfaßt Größe, Struktur und formale Zusammenhänge der Forschungseinrichtung (technisch) und die Unternehmenskultur (menschlich).

Wenn die oben erwähnten grundlegenden Bedingungen erfüllt sind und die drei genannten Einflußbereiche gut zusammenspielen, kann man die Forschungseinrichtung förmlich „summen" hören wie einen Bienenstock – daran erkennt man eine Gemeinschaft begeistert und energiegeladen arbeitender, ihre Arbeit liebender Menschen.

Motivation: Was muß zusammenpassen?

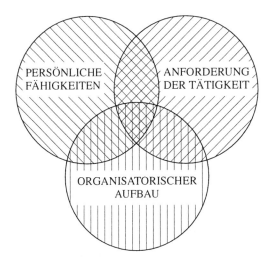

Persönliche Fähigkeiten

technische Faktoren – Ausbildung, Fertigkeiten, Einarbeitung usw.
menschliche Faktoren – arbeitsbezogene Bedürfnisse, Motivation, Führungsstil usw.

Anforderungen der Tätigkeit

technische Faktoren – Verantwortung, Erfahrung usw.
menschliche Faktoren – Geduld, Diplomatie, Fähigkeit zum Zuhören usw.

Organisatorischer Aufbau

technische Faktoren – Struktur, Systeme usw.
menschliche Faktoren – Unternehmenskultur usw.

Die Notwendigkeit, menschliche Aspekte der persönlichen Fähigkeiten und der Anforderungen der Tätigkeit in Einklang zu bringen, soll hier und in den folgenden Kapiteln aus einem bestimmten Grund betont werden: Die meisten von uns sind recht geübt darin, *technische* Aspekte der Fähigkeiten und Anforderungen aufeinander abzustimmen (die organisatorischen Merkmale werden in den Kapiteln 4 und 5 diskutiert). Stellenbeschreibungen und systematische organisatorische Abläufe passen die Menschen an die Arbeit an, und zwar mit Hilfe von Aus- und Weiterbildung, Vermittlung von Fertigkeiten und Erfahrung. In der Regel sind wir jedoch viel schlechter in der Lage, *menschliche* Aspekte von Tätigkeit und Persönlichkeit zur Übereinstimmung zu bringen.

Denken Sie zum Beispiel an den Direktor einer Forschungseinrichtung: Welche menschlichen Aspekte würden Sie von einem Bewerber unbedingt fordern?

Er muß, wenn nötig, einen „Puffer" oder Schutzschild zwischen Institut und äußeren Kräften bilden, die Wissenschaftler gegen unangebrachte organisatorische Forderungen und Zwänge abschirmen, bei der Abwicklung formaler Prozesse Diplomatie beweisen. Seine Entscheidungen sollen eindeutig sein, er soll an ihnen festhalten; in Zeiten des Erfolgs soll er sich freiwillig im Hintergrund halten, in Zeiten des Mißerfolgs dagegen Blamagen auf seine Kappe nehmen...

Wie muß ein Projektmanager sein?

Er muß in der Lage sein, scheinbar unvereinbare Forderungen der einzelnen am Projekt beteiligten Fachbereichsmanager unter einen Hut zu bringen, sich mit schwierigen Projektmitarbeitern humorvoll und mit Anstand zu beschäftigen; enge Kooperationen zu entwickeln, die für eine effektive Projektübergabe unerläßlich sind; die Emotionen zu verstehen und zu beherrschen, die mit dem mehr oder weniger erfolgreichen Abschluß von Projekten verbunden sind...

Ein wissenschaftlicher Leiter?

Er muß sich zielstrebig auf ein Problem konzentrieren können, ohne sich ablenken zu lassen; auch bei Mißerfolgen Hoffnung und Optimismus bewahren; seine Mitarbeiter anfeuern, durchzuhalten; bei organisatorischen Schwierigkeiten nicht aufgeben...

Dieses und das dritte Kapitel zielen darauf, Ihnen zu helfen, die menschlichen Aspekte von Tätigkeitsprofil und Personal zu vereinbaren. Dabei wollen wir mit Ihnen selbst beginnen.

Was motiviert Sie?

Der erste Schritt zur Erarbeitung eines effektiven Führungsstils ist eine Analyse der eigenen Persönlichkeit, der eigenen Stärken und Schwächen. Ein großer Teil der „Managerweisheit" entwickelt sich, indem man aus den eigenen Fehlern lernt. Hilfreich ist aber auch eine reflektierende Selbstanalyse; ihr dient die folgende Aufgabe.

>**Anmerkung:** Erfüllen und bewerten Sie die Aufgabe, *bevor* Sie die anschließende Erklärung und Diskussion lesen! Sie benötigen dazu eine zusammenhängende Zeit von mindestens 30 Minuten.

Erste Aufgabe

Arbeitsbezogene Bedürfnisse. Zum Kennenlernen der eigenen Persönlichkeit wurde eine Reihe verschiedener Testmethoden entwickelt. Die in diesem Kapitel angewendete gründet sich auf ein von dem Psychologen David McClelland erarbeitetes Modell: Er ging davon aus, daß drei arbeitsbezogene Bedürfnisse von jedem einzelnen in einer spezifische Reihenfolge der Priorität geordnet werden.[3] Jeder von uns hat ein gewisses Bedürfnis nach **Macht**; McClelland definiert es als das Bedürfnis, eine Gruppe von Menschen zielgerichtet zu beeinflussen. Jeder von uns hat ein Bedürfnis nach **Leistung** – das Bedürfnis, sich ein Ziel zu setzten und es zu verfolgen, bis es erreicht ist. Schließlich hat jeder von uns ein Bedürfnis nach **harmonischer Kommunikation**, im folgenden kurz als **Harmonie** bezeichnet – das Bedürfnis, gute zwischenmenschliche Beziehungen zu den Mitarbeitern aufzubauen und zu unterhalten.

Bevor Sie weiterlesen, greifen Sie bitte zu einem Blatt Papier und versuchen Sie, Ihre ganz persönliche Reihenfolge dieser drei Bedürfnisse bildlich darzustellen (die Art der Darstellung bleibt Ihrer Phantasie überlassen). Heben Sie die Zeichnung gut auf.

Auf den folgenden Seiten finden Sie drei Abbildungen[4].

>Sehen Sie sich die Bilder etwa eine Minute lang an.
>Decken Sie die Abbildungen zu; schreiben Sie innerhalb von 10 Minuten eine zusammenhängende, dramatische und interessante Geschichte zu jedem Bild. Die darunterstehenden Fragen sollen Ihnen beim Geschichtenerfinden helfen; Sie brauchen sie nicht unbedingt alle zu beantworten.
>Lassen Sie Ihrer Phantasie freien Lauf. Hier gibt es keine „richtigen" oder „falschen" Antworten!

Läufer und Picknick

Wer sind die Menschen?
Wie heißen sie?
Welche Rolle spielen sie im Leben?
In welcher Beziehung stehen sie untereinander?
Was hat zur dargestellten Situation geführt?
Was passiert im Moment?
Was denkt oder sagt jede Person bzw. was versuchen die Menschen zu tun?
Was verlangt jede der Personen von wem?
Wie wird das Leben der Personen weitergehen?
Wie geht die Geschichte aus?

Das Flugzeug

Wer sind die Menschen?
Wie heißen sie?
Welche Rolle spielen sie im Leben?
In welcher Beziehung stehen sie untereinander?
Was hat zur dargestellten Situation geführt?
Was passiert im Moment?
Was denkt oder sagt jede Person bzw. was versuchen die Menschen zu tun?
Was verlangt jede der Personen von wem?
Wie wird das Leben der Personen weitergehen?
Wie geht die Geschichte aus?

Im Büro

Wer sind die Menschen?
Wie heißen sie?
Welche Rolle spielen sie im Leben?
In welcher Beziehung stehen sie untereinander?
Was hat zur dargestellten Situation geführt?
Was passiert im Moment?
Was denkt oder sagt jede Person bzw. was versuchen die Menschen zu tun?
Was verlangt jede der Personen von wem?
Wie wird das Leben der Personen weitergehen?
Wie geht die Geschichte aus?

Auswertung des Thematischen Apperzeptionstests

Die Bilder auf den vorangegangenen Seiten wurden dem sogenannten Thematischen Apperzeptionstest (TAT) entnommen, der von McClelland und Mitarbeitern zur Erkennung arbeitsbezogener Bedürfnisse entwickelt wurde. Das Thema ist „Arbeit" (obwohl es Ihnen nicht so vorgekommen sein mag); ähnliche Bildreihen gibt es auch für andere Themen. „Apperzeption" bedeutet, daß Sie den Bildinhalt im Lichte Ihrer persönlichen Erfahrungswelt interpretieren.* „Test" nennt der Psychologe ein Hilfsmittel zur Messung von – in unserem Fall – Ihrer spezifischen Rangfolge der arbeitsbezogenen Bedürfnisse.

Zur Auswertung des Tests lesen Sie jede Ihrer Geschichten noch einmal; achten Sie dabei darauf, ob Sie die folgenden Merkmale wiedererkennen:

Macht: Eine oder mehrere Person(en) nimmt/nehmen eine organisatorische Stellung ein – sie verfügen über oder suchen nach Mitteln, um andere zu steuern. Dabei kann „steuern" auch bedeuten, anregend oder überzeugend zu wirken. Das Verhältnis der handelnden Personen Ihrer Geschichte ist das zwischen Vorgesetzten und Untergebenen.

Leistung: Eine oder mehrere Person(en) beschäftigt/beschäftigen sich mit ihrem persönlichen Erfolg im Verhältnis zu einem (von außen gesetzten oder selbst auferlegten) idealen Ziel. Diese Menschen sind vollkommen auf den Erfolg ausgerichtet; oft sind langanhaltende Anstrengungen zur Erlangung dieses Erfolges erkennbar.

Harmonie: Für eine oder mehrere Person(en) Ihrer Geschichte steht der (Wieder-)Aufbau oder die Aufrechterhaltung positiver (warmer, freundschaftlicher) zwischenmenschlicher Beziehungen im Vordergrund. Eine menschliche Gemeinschaft kann beschrieben werden, eventuell treten Dialoge zwischen den handelnden Personen auf.

Unterstreichen Sie beim Lesen wichtige Worte und Sätze und schreiben Sie diese dann auf ein anderes Blatt Papier ab; ordnen Sie sie dabei nach dem Bedürfnis (Macht, Leistung oder Harmonie), dem sie am meisten entsprechen. Achten Sie dabei besonders auf folgende Bausteine:

Macht – Titel; Aktionen, andere zu etwas zu bringen oder zu beeinflussen; Bezug zu organisatorischer Tätigkeit oder Erfolg; Strategien

Leistung – Zahlen; Überlegungen zur Mittelbeschaffung und zum Gewinn; Bestrebungen, mit anderen gleichzuziehen oder sie zu übertreffen; Bewertung der Erfüllung einer Aufgabe

---

* Den TAT zählt man zu den sogenannten „projektiven" Testmethoden der Psychologie. (Anm. d. Übers.)

Harmonie – Freunde; Aussagen über Gefühle anderen gegenüber; Hilfsbereitschaft; Bedürfnis nach positiven Reaktionen der Mitmenschen

Sehen Sie sich nun einige Beispiele an; sie wurden aus authentischen Testergebnissen von Wissenschaftlern zusammengestellt. Welches Ergebnis kommt Ihrer Lösung am nächsten?

Läufer und Picknick

Macht: Hal ist am Sonntag Nachmittag mit seiner Familie in den Park gegangen. Seine Zwillingstöchter, Kate und Emily, joggen gemeinsam mit ihrem Bruder Lou. Aileen, Hals Frau, hat das Picknick arrangiert; jetzt sprechen die beiden über Hals berufliche Pläne. Hal hat vor einigen Jahren sein Unternehmen („Gene-Chip") verlassen, um eine eigene Firma zu gründen, die inzwischen gut läuft. Er hofft, drei neue Mitarbeiter einstellen zu können; gerade beschreibt er Aileen seine Strategie der Zusammenarbeit mit der universitären Wissenschaft – er verspricht sich davon eine gute Ausgangsposition bei der industriellen Nutzung eines in Kürze zu erwartenden Durchbruchs auf dem Gebiet der Biosensoren. Am Montag wird sich Hal mit Investoren treffen; dabei werden Pläne zur Akquisition einer kleinen, jungen Firma diskutiert, die das Know-how von Hals Firma sinnvoll ergänzen könnte.

Leistung: Es ist Viertel nach zwölf; Joe nutzt, wie schon öfter, seine Mittagspause, um 10 Kilometer durch den nahen Park zu laufen. In 2 Wochen möchte er unbedingt beim Boston-Marathon antreten, er kann jetzt keine Gelegenheit zum Training auslassen. Unterwegs trifft er zwei Frauen, die durch den Park joggen. Joe glaubt, daß sie in seiner Firma als Buchhalterinnen arbeiten, aber genau weiß er es nicht. Er sieht auf die Uhr – jetzt will er 5 Minuten sprinten, anschließend wird er wieder an seine Arbeit gehen.

Harmonie: Lois und Rob sind schon eine ganze Weile zusammen; jetzt ist ihre Beziehung in eine Krise geraten. Rob hat Lois zu einem gemeinsamen Picknick überredet – er hofft, daß sie dabei die Ursache ihrer Probleme finden können. Zwei ihrer Freundinnen, Sheryl und Tamara, und ein anderer Läufer joggen gerade im Park. Die Freundinnen winken dem Paar zu, aber Lois wird es wohl nicht bemerkt haben. Rob ist ziemlich aufgeregt, versucht sich aber mit Lois auszusprechen, um herauszufinden, wie es weitergehen kann. Leider ist die Beziehung nicht mehr von langer Dauer: Lois heiratet einen anderen Mann, und Rob bleibt allein.

Das Flugzeug

Macht: Lee und Harry haben den letzten Flug von New York City genommen. Den ganzen Tag haben sie mit Vertretern einer Consulting-Firma zusammengesessen und eine neue Entdeckung auf dem Gebiet der Automatisierungstechnik diskutiert, die ihrem Unternehmen kürzlich gelungen ist. Lee ist stellvertretende Direktorin und für Strategie zuständig, Harry ist ihr neuer Assistent mit ausgezeichneten Kenntnissen in Statistik und Betriebswirtschaft. Lee ist sicher, daß Harry die Unternehmensberater anhand seiner Diagramme überzeugen konnte, daß der Aktienkurs ihres Unternehmens in kurzer Zeit beträchtlich steigen wird. Sie freut sich schon auf die morgige Zusammenkunft mit dem Direktor, wenn sie ihm von der Diskussion und der zu erwartenden Steigerung des Markwertes ihres Unternehmens berichten kann.

Leistung: Laura hat mit ihrem Vater eine Rundreise unternommen, um sich verschiedene Universitäten anzusehen. Jetzt ist sie müde; wahrscheinlich wird sie sich aber für die University of Wisconsin entscheiden, weil ihr deren Lehrplan in Physik gut gefallen hat. Besonders begeistert war sie von den Möglichkeiten dort; sie hat schon begonnen, über die Fortsetzung eines Experimentes nachzudenken, das sie letzten Sommer bei einem Praktikum am MIT begonnen hat. Wenn sie erfolgreich arbeitet, kann sie vielleicht einen Preis oder ein Stipendium von der National Science Foundation bekommen. Die Stewardeß wünscht ihnen beim Aussteigen eine gute Nacht.

Harmonie: Die Stewardeß Pat muß lächeln, wenn sie das Paar ansieht, das gerade das Flugzeug verläßt. Sie hat während des Fluges beobachtet, wie die beiden sich kennenlernten und sich zusammen über den Film amüsierten. Als sie ihnen etwas zu trinken brachte, malte sie sich aus, wie er morgen bei der Frau anrufen wird; sie passen bestimmt gut zueinander, und bald werden sie sich verloben... Pat wird heute zum Abendessen mit ihrer Familie und einem befreundeten Paar ausgehen. Dabei wird sie bestimmt diese Geschichte erzählen.

Im Büro

Macht: Maria, Geschäftsführerin einer großen Konsumgüterfirma, hat eben ihren Stellvertreter für Planung gebeten, sich den von Jamal vorbereiteten Bericht anzusehen. Morgen wird sie sich mit dem Aufsichtsrat treffen, um ihre strategische Planung zu diskutieren. Jamal (sitzend) sollte den Absatz in Asien während der letzten fünf Jahre analysieren. Maria hofft, den Aufsichtsrat anhand der Daten überzeugen zu können, daß der Geschäftsbereich erweitert werden muß. Den ganzen Tag hat Maria mit ihren Stellvertretern diskutiert; gleich wird sie mit Jamals Bericht zu ihnen zurückkehren, und wieder wird es eine langwierige strategische Beratung geben.

Leistung: Dr. Dan Eliot ist unruhig: Gleich wird er sich mit dem Patentanwalt, Mike Farrell, treffen, der gerade aus seinem Büro kommt, denn die Sekretärin Lia Murphy hat ihn eben von Dans Ankunft unterrichtet. Dan ist Biochemiker; er hat ein neues Verfahren zur Erkennung monoklonaler Antikörper in menschlichem Gewebe entwickelt, eine Entdeckung, die ihm die Mittel zur Beschäftigung von Postdoktoranden über Jahre hinaus nahezu garantieren könnte. Zwar ist er sehr glücklich, eine sechs Jahre währende Forschungsarbeit erfolgreich abgeschlossen zu haben; über die finanzielle Situation der Universität macht er sich jedoch keinerlei Illusionen. Dan hofft sehr, sein Verfahren patentieren lassen zu können – dann kann er an die Erweiterung seines Labors und die Entwicklung einer international anerkannten Spitzengruppe denken.

Harmonie: Leslie freut sich, in ihrem Büro Paul und Greg so kollegial miteinander sprechen zu sehen. Was gab es nicht für Probleme, nachdem Greg eingestellt wurde! Er machte einen sehr überheblichen Eindruck, so daß Paul oft in Leslies Büro stürmte und mit der Kündigung drohte. Viele Wochen lang hat Leslie versucht, Paul zu erklären, daß Unsicherheit die eigentliche Ursache von Gregs Verhalten ist. Schließlich hat sie es geschafft, Paul und Greg zur Zusammenarbeit zu bewegen; sie hat bemerkt, daß jetzt auch andere Kollegen mit Greg zum Mittagessen oder zum Kaffee gehen.

Haben Sie Gemeinsamkeiten mit Ihren Geschichten entdeckt? Jede „machtbetonte" Geschichte hat etwas mit der Entwicklung des *Unternehmens* zu tun und beschreibt Strategien, Pläne und die Zukunft. Die Hauptperson – Hal, Lee oder Maria – beschäftigt sich mit der Zukunft des Unternehmens. Im Gegensatz dazu findet man in allen „leistungsbetonten" Geschichten Angaben zur Entwicklung von *Personen*; dies ist ein wichtiger Schlüssel zur Unterscheidung der Bedürfnisse nach Leistung und Macht. Der Protagonist – Joe, Laura, Dan – befaßt sich mit einem persönlichen Ziel (Marathon, Universität, Experiment). Beachten Sie, daß sich in diesem Typ von Geschichten oft genaue Zahlenangaben finden (Viertel nach zwölf, 10 Kilometer, 2 Wochen, 5 Minuten) – das ist für Menschen mit starkem Leistungsbedürfnis besonders charakteristisch. Jede „harmoniebetonte" Erzählung stellt zwischenmenschliche *Beziehungen* (zwischen Lois und Rob, dem Paar im Flugzeug, Paul und Greg) in den Vordergrund. Besonders fällt auf, daß die Geschichte mehr darauf eingeht, wie die Leute miteinander umgehen – *was sie tun*, ist weniger interessant.

In einer oder mehreren Ihrer Erzählungen finden Sie vielleicht Elemente aller drei Bedürfnisse wieder. Versuchen Sie in diesen Fällen abzuschätzen, in welchem Verhältnis die Bedürfnisse zueinander stehen. Manchmal können Sie eine Geschichte vielleicht überhaupt keinem Bedürfnis zuordnen; werten Sie dann vorrangig die anderen aus. Die Geschichten *in ihrer Gesamtheit* sollen Ihnen helfen, die Reihenfolge Ihrer Bedürfnisse einzuschätzen.

Wenn Sie Ihre Erzählungen einige Male durchgelesen haben, die Stichworte abgeschrieben und geordnet sind und Sie Ihre „Werke" mit den Beispielen verglichen haben, dann stellen Sie Ihre persönliche Reihenfolge der drei Motivationsbedürfnisse noch einmal graphisch dar. Vergleichen Sie mit dem Bild, das Sie *vor* diesem Test gezeichnet haben! In der Regel stimmen die Darstellungen nicht überein – auch in Ihrem Fall?

Wenn Sie das Testmaterial selbst ausgewertet haben, geben Sie die Geschichten vielleicht an wenigstens zwei Personen weiter; bitten Sie sie, ihre Meinung zu äußern, und vergleichen Sie mit Ihrer eigenen Interpretation. Es ist immer nützlich, sich die Ansicht eines Unbeteiligten anzuhören.

Einige Folgerungen aus der Theorie von McClelland

Die Reihenfolge der arbeitsbezogenen Bedürfnisse und insbesondere das vorherrschende Bedürfnis sind ein wesentlicher Teil unserer spezifischen persönlichen Fähigkeiten. McClelland und seine Mitarbeiter kamen durch Langzeitstudien an arbeitenden Menschen zu einigen wichtigen Erkenntnissen:[5]

Die Reihenfolge der arbeitsbezogenen Bedürfnisse ist ein fester Bestandteil unserer Persönlichkeit, der sich nicht mit der Zeit oder durch das Ansammeln verschiedener Erfahrungen ändert. (Das Machtbedürfnis kann beispielsweise nicht dadurch wachsen, daß man in eine obere Verwaltungsebene befördert wird.)

Die Art und Weise, wie eine einzelne Person die arbeitsbezogenen Bedürfnisse ordnet, läßt eine recht genaue Vorhersage von Verhaltensmustern über einen langen Zeitraum hinweg – *nicht* unbedingt in einer bestimmten Situation – zu.

Es gibt keine konsistenten Geschlechtsunterschiede in der Bewertung der Bedürfnisse: Frauen sind nicht harmoniebedürftiger, Männer haben nicht unbedingt das ausgeprägtere Bedürfnis nach Macht und Leistung.

Menschen mit ausgesprochenem Leistungsbedürfnis tragen entscheidend zum wissenschaftlichen und technischen Fortschritt des Unternehmens bei. Sie sind fähige Einzelkämpfer; an einer Tätigkeit im Management sind sie im allgemeinen wenig interessiert. Ihre Sorge ist in erster Linie, wie gut *sie* arbeiten und nicht, wie gut die *Einrichtung* funktioniert.

Menschen mit ausgesprochenem Machtbedürfnis sind diejenigen, die drastische organisatorische Neuerungen und radikale Veränderungen durchsetzen können. Sie bevorzugen Leitungspositionen und sind unzufrieden, wenn ihre Stellung keinen Einfluß auf andere zuläßt. Verbindet sich in einer Persönlichkeit ein dominantes Machtbedürfnis mit einem geringen Bedürfnis nach Leistung, so ist dieser Mensch fähig, kritische Entscheidungen zu treffen, ohne sich weiter darum zu kümmern, ob er sich damit beliebt oder unbeliebt macht.

Menschen mit ausgesprochenem Harmoniebedürfnis sind in einer Stellung am besten aufgehoben, in der sie ihren Wunsch nach Aufbau und Pflege positiver zwischenmenschlicher Beziehungen ausleben können. Dies trifft besonders auf Positionen im mittleren und im Projektmanagement zu. Häufig machen sie sich jedoch (zu viele) Gedanken darüber, wie beliebt sie sind; so können sie die Normen größerer Gruppen (z. B. des Unternehmensbereiches) verletzen, um die Harmonie in ihrer kleinen Arbeitsgruppe (z. B. einem Projektteam) nicht zu gefährden.

Was können Sie aus diesen Ergebnissen ableiten?

Ist Ihr Machtbedürfnis hoch, dann sind sie für eine Tätigkeit im übergeordneten Management geeignet; Sie werden nicht glücklich (sind nicht motiviert), wenn Sie keine Leitungsfunktion ausüben können. Ist Ihr Harmoniebedürfnis hoch, dann sollten Sie im mittleren oder im Projektmanagement arbeiten; zum Einzelkämpfer sind Sie nicht geboren. Ist schließlich Ihr Bedürfnis nach Leistung dominant, dann wird aus Ihnen sicher ein führender Wissenschaftler; Sie leisten vor allem individuelle Beiträge und sind wahrscheinlich nicht motiviert, sich vorrangig mit der Verwaltung und Führung von Mitarbeitern zu beschäftigen. Die verschiedenen Bedürfnisse sind in jeder Persönlichkeit in spezifischer Weise kombiniert – die Schlußfolgerungen sollten daher nur als allgemeine, nichtsdestoweniger sehr wichtige Richtlinien aufgefaßt werden. Innerhalb dieses Buches werden sie an vielen Stellen eine Rolle spielen.

Betrachten Sie noch einmal das Venn-Diagramm und die beiden Hauptbereiche persönlicher Fähigkeiten und der Anforderungen der Tätigkeit. Die zu Beginn dieses Kapitels angegebenen Grundbedingungen der Motivation (Sicherheit, Gerechtigkeit, Herausforderung) sollen vorausgesetzt werden; Ihre *eigene* Motivation, die Liebe zu Ihrer Arbeit, hängt dann zu einem nicht geringen Teil vom richtigen Zusammenspiel zwischen technischen und menschlichen Aspekten Ihrer Tätigkeit und Ihren speziellen Fähigkeiten und Bedürfnissen ab.

Arbeiten Sie an der richtigen Stelle? Vielleicht mühen Sie sich mit Ihrer Tätigkeit ab und machen sich Sorgen um Ihr Fortkommen. Wenn die menschlichen Aspekte nicht richtig zusammenpassen, können Sie möglicherweise durch Umstrukturierung Ihrer Arbeit Abhilfe schaffen. Nehmen wir zum Beispiel an, Ihr Machtbedürfnis ist hoch und Ihr Harmoniebedürfnis niedriger: Eventuell hilft es Ihnen, einen Assistenten mit hohem Harmoniebedürfnis anzufordern, der sich um die zwischenmenschlichen Beziehungen im Unternehmen kümmert. Sie können auch versuchen, Ihren Tätigkeitsbereich so zu erweitern, daß Sie sich mit Dingen beschäftigen können, die Ihnen einerseits Spaß machen, Sie andererseits aber nicht ablenken. Eine weitere Möglichkeit ist ein Gespräch mit Ihrem Chef über Ihre persönliche Entwicklung; vielleicht können Sie auf eine andere Position versetzt werden, für die Sie besser geeignet sind. Schließlich können Sie auch die Arbeitsstelle oder das Tätigkeitsfeld wechseln.

Was motiviert andere?

Inzwischen sind Sie fast ein Experte in der Ausführung und Auswertung thematischer Apperzeptionstests. Aber was können Sie tun, um besser zu durchschauen, was *andere* Menschen motiviert – sei es Ihr Chef, Ihre Kollegen oder das Ihnen unterstellte Personal? Sie können ihr Verhalten über eine lange Zeit hinweg beobachten, zuhören, wie sie sich äußern. Es hilft Ihnen sicher auch, daß Sie gelernt haben, sich selbst besser zu verstehen. Weitere wichtige Erkenntnisse soll Ihnen die folgende Beschreibung dreier Wissenschaftlerkarrieren vermitteln.[6]

Drei wissenschaftliche Laufbahnen

Zu Beginn der siebziger Jahre wurden Shelly und Geoff, zwei promovierte Ingenieure von der University of Wisconsin, von der F&E-Abteilung einer großen multinationalen Aktiengesellschaft eingestellt. Shelly kam direkt von einer Postdoc-Stelle und war sofort von den Möglichkeiten der Forschungseinrichtung beeindruckt:

> Das Labor der Universität, an dem ich bisher gearbeitet hatte, war wirklich nur mit dem Notwendigsten ausgestattet; dauernd mußte ich mir Arbeitsmittel aus anderen Bereichen „borgen" oder selbst kaufen. Bei meinem ersten Besuch in der F&E-Abteilung der Aktiengesellschaft dachte ich: Hier ist alles vorhanden, was ich brauchen könnte! Mit der phantastischen Ausrüstung fühlte ich mich wie in einem Science-Fiction-Film...

Shellys Kollege Geoff erinnert sich an etwas völlig anderes:

> Ich schätze, im F&E-Bereich waren damals etwa 200 Leute beschäftigt. Wir lernten einander sehr schnell kennen. Ich erinnere mich auch, daß es nie formale Informationsverteilerlisten gab – man erfuhr alles in der Kaffeepause oder beim Mittagessen. Wir saßen immer alle an einem Tisch, vom Manager bis zum Techniker. Wir kannten uns alle – vom jüngsten Angestellten bis zum obersten Manager.

Nachdem Shelly und Geoff sieben Jahre in der Gesellschaft gearbeitet hatten, entschloß sich der Forschungsdirektor, der sie eingestellt hatte, zu einer kleineren, innovativeren und risikofreudigeren Firma zu wechseln. Shelly war inzwischen eine wichtige wissenschaftliche Entdeckung gelungen; daraus entstand ein Produkt, von dem noch enorme Gewinne erhofft wurden. Ihr wurde jedoch die Arbeit in einem Projekt zugeteilt, dessen Ziel die Entwicklung von Folgeprodukten ihrer Entdeckung war. Das langweilte sie bald. So hatte es der Direktor nicht allzu schwer, Shelly und

Geoff zu überreden, mit ihm gemeinsam die Arbeitsstelle zu wechseln, um ein Technologiezentrum der internationalen Spitzenklasse aufzubauen.

Im neuen Unternehmen wandte sich Shelly mit ihrer bewährten Strategie und Herangehensweise einem aktuellen ingenieurtechnischen Problem zu, und Geoff arbeitete in einem ähnlichen Bereich. Ohne große Aufregungen vergingen drei Jahre; dann nahm der Direktor eine Position im asiatischen Raum an und bat Geoff, seine Nachfolge als Manager anzutreten. Für Geoff hatte diese Beförderung anfangs traumatische Folgen:

> Ich gebe zu, daß dies eine der schwierigsten Situationen meiner gesamten beruflichen Laufbahn war. Ich wurde nicht nur plötzlich von einer Stellung in der aktiven Forschung ins Management versetzt, sondern die Beziehungen zwischen Shelly und mir wurden plötzlich sehr angespannt. Wir redeten zwar nicht offen darüber, aber mir war klar, daß sie verletzt und wütend war, „übergangen" worden zu sein.
>
> Wenn ich über den Entschluß meines Chefs nachdenke – und im Nachhinein bin ich überzeugt, daß seine Entscheidung richtig war – dann frage ich mich, ob ich zu dieser Zeit auch so hätte handeln können. Shelly ist zweifellos ein besserer Entwicklungsingenieur als ich. Aber ich eigne mich weit besser zum Manager und merkte auch sehr bald, wie mir diese Aufgabe zusagte und wie gut ich sie erfüllen konnte. Mir gefiel die Situation also recht gut, nachdem Shelly und ich wieder angefangen hatten, miteinander zu reden.
>
> Ich bin mir immer noch nicht sicher, ob ich diese Entscheidung auch hätte treffen können. Shelly und ich haben beide darunter gelitten. Wir haben unsere Probleme schließlich in den Griff bekommen, aber dazu haben wir drei schwierige Monate gebraucht.

Für Geoff war es offensichtlich, daß Shelly kurz vor einer neuen bahnbrechenden Entdeckung stand, aber die Firma war damals in einer komplizierten Situation. Die Gewinne waren mager, und in den kommenden Jahren waren keine neuen Produkte zu erwarten. Folglich begann das Management der Gesellschaft, Geoff unter Druck zu setzen, Shellys Projekt zu stoppen. Geoff jedoch war dazu nicht ohne weiteres bereit.

Shelly bekam diese äußeren Zwänge nur teilweise mit:

> Ich merkte schon, daß irgend etwas vorging, als das Management der Gesellschaft plötzlich in meinem Labor auftauchte. Sie sagten nichts, machten nur einen Rundgang mit Geoff im Schlepptau.
>
> Geoff ließ uns weiterhin am Projekt arbeiten. Wenn ich ehrlich sein soll, kann ich mich an gar keine Entscheidung – in der einen oder anderen Richtung – erinnern. Ich habe einfach weitergearbeitet. Mag sein, daß Geoff oder jemand anders bis zum Vorstand gegangen ist, um uns zu unterstützen – glücklicherweise habe ich nichts davon bemerkt. Solange nur unsere Gehälter ausgezahlt wurden und ich Mitarbeiter und Ausrüstung bekam, setzte ich meine Experimente fort.

1984 wurde durch eine Veröffentlichung von Shelly und ihrer Gruppe klar, welche enorme Bedeutung ihrer Leistung zukam. Obwohl das Endprodukt erst in einigen Jahren auf den Markt kommen würde, entschied sich Shelly, die Gesellschaft zu verlassen und an die Universität zurückzukehren:

Sicher, die Arbeit in der Industrie hat mir Spaß gemacht, und trotzdem bin ich weggegangen. Der Grund ist: Wenn ich ein Problem prinzipiell gelöst habe, dann muß ich weitergehen. Ich möchte nicht gern als Experte irgendeines Spezialgebietes abgestempelt werden, der sich mit der Entwicklung von Produkten der zweiten und dritten Generation langweilen soll.

Geoff beschreibt beim Rückblick auf seine Amtszeit als Direktor seine Gefühlskonflikte ganz ehrlich:

In dieser Zeit hatte ich laufend Verdauungsstörungen durch den Streß. Als Shelly an die Universität zurückkehrte, war ich sehr unglücklich darüber, den kreativsten Ingenieur zu verlieren. Aber sie sagte zu mir: „Du mußt die positiven Seiten sehen. Du wirst dich viel besser fühlen, wenn ich erst weg bin." Sie hatte recht. Aber ich würde selbstverständlich sofort wieder mit Shelly zusammenarbeiten, selbst wenn das neuen Streß und Magenbeschwerden bedeutete.

Als Anfänger im Management merkte ich, daß sich die mir unterstellten Ingenieure in zwei Gruppen einteilen ließen. Wenn ich erfuhr, daß sich jemand aus der ersten Gruppe mit einem Anliegen an mich wenden wollte, dann freute ich mich schon auf eine nette, freundschaftliche Unterhaltung. Ziemlich bald wurde mir aber klar, daß ich nicht im geringsten klüger war, wenn dieser Mitarbeiter das Büro wieder verlassen hatte.

Zur zweiten Gruppe gehörten nur einige wenige Ingenieure, wofür ich recht dankbar war. Wenn sich einer von *denen* bei mir anmeldete, hätte ich mich am liebsten unsichtbar gemacht... Sie sagen mir ziemlich grob und unverblümt, was ich getan oder unterlassen hatte, und stellten ihre Forderungen. Bald merkte ich aber, daß ich von diesen Leuten sehr wohl etwas gelernt hatte, wenn sie mein Büro verlassen hatten – sie halfen mir, zum Manager zu werden. Das waren die Leute, die ich und das Unternehmen brauchten, auch wenn ich es damals nicht gern zugegeben hätte. Ganz sicher ist Shelly in diese Kategorie einzuordnen.

Ende 1984 stellte Geoff als Ersatz für Shelly Ichiro Naiti ein, einen promovierten Wissenschaftler, der bis dahin in einer Forschungseinrichtung des Verteidigungsministeriums gearbeitet hatte. Aus Ichiros Beschreibung seiner ersten Eindrücke merkt man, wie sehr ihm die Position zusagte:

Zum ersten Mal in meinem Leben sah ich ein Unternehmen, in dem Entwicklung und Produktion so unmittelbar zusammenarbeiten. Die Gesellschaft hatte einen unheimlichen Aufschwung genommen.

Ursprünglich wurde ich als Ersatz für Shelly eingestellt, aber ich war mit Geoff übereingekommen, daß er mich zum Direktionsassistenten befördern würde, wenn alles gutginge. Und tatsächlich wurde ich ein Jahr später sein Assistent.

Heute leitet Shelly ein großes universitäres Labor. Geoff ist Leiter der gesamten F&E eines anderen großen multinationalen Unternehmens; Ichiro ging nach New York, um eine eigene kleine Investmentgesellschaft zu gründen. Fragt man sie jetzt nach ihrer Laufbahn, dann erhält man folgende Antworten:

Geoff:

Ich beneide immer noch Menschen wie Shelly, denen bedeutende Entdeckungen gelungen sind. Wenn ich mich frage: „Was hast du erreicht?", kann ich nur antworten: Ich bin ein Manager. Die technische Seite meines Berufs kann ich nur noch *nach*empfinden, wenn ich mit meinem Personal rede, herausfinde, was sie bewegt, und mit ihnen ihre Arbeit bespreche.

Ich habe gemerkt, daß ich *gern* entscheide, große Menschengruppen beeinflusse und lenke. Ich trage gern zum Erfolg der Organisation im weitesten Sinne bei. Ich bin *gern* Manager. Manchmal bin ich schon neidisch, wenn ich höre, was zum Beispiel in der militärischen Forschung geleistet wird; aber ich habe mich seit langem innerlich mit der Tätigkeit im Management vereinbart.

Shelly:

Ich möchte in der Forschung – ob in der Industrie oder an der Universität – nicht einfach irgend etwas tun, was mir gerade gefällt. Ich brauche ein bestimmtes Ziel, zum Beispiel „Entwurf nach bestimmten Vorgaben". Ich suche auch nach Einschränkungen („Entwurf nach *diesen* Vorgaben in *diesem* Zeitrahmen und mit *diesem* Budget"); so bin ich wohl am erfolgreichsten. Mir ist aufgefallen, daß Menschen gar nichts tun, wenn sie denken, daß ihnen kein Hindernis im Weg steht.

In der Industrie hatte ich nie eine Ahnung, was gewinnbringend wäre; ich konnte nur sagen, ob die Lösung des Problems reines Wunschdenken war. Noch immer kann ich nicht vorhersehen, ob ein Ergebnis eines meiner Experimente irgendeinen Nutzen bringt – mit Sicherheit kann ich nur sagen, auf welchem Weg das Problem anzugehen ist.

Ichiro:

Ich hatte nie geplant, in der Industrie zu arbeiten, aber meine Tätigkeit in einer staatlichen Einrichtung langweilte mich schließlich. Ich weiß, daß ich ein fähiger, aber kein sehr kreativer Ingenieur bin. So habe ich meinen Wechsel zum [oben beschriebenen] Unternehmen nicht als Übergang *von* der Wissenschaft *zum* Management gesehen, sondern als einen Wechsel ins „Wissenschaftsmanagement". Ich war vor allem froh, aus dem Labor herauszukommen.

Mein erster Job in der Industrie zeigte mir bald, was mich wirklich reizt: Sich eine Strategie zu überlegen und dann alle die kleinen Bausteine zusammenzutragen, die das Umsetzen dieser Strategie ausmachen. Das fasziniert mich auch in meiner Investmentgesellschaft. In einer Position, in der ich die Teilchen des Puzzles „Strategie" verschieben und zusammensetzen kann und immer wieder Anregungen von außen verarbeiten muß, bin ich wirklich glücklich.

Analyse der arbeitsbezogenen Bedürfnisse

Shelly, Geoff und Ichiro sind ungefähr im gleichen Alter, haben etwa dieselbe Ausbildung und sammelten ihre ersten Erfahrungen in demselben Unternehmen. Bei jedem von ihnen ist jedoch ein anderes arbeitsbezogenes Bedürfnis ausgeprägt, so daß sich die menschlichen Aspekte ihrer persönlichen Fähigkeiten völlig voneinander unterscheiden.

Shelly ist ein Beispiel für den Wissenschaftlertyp, dessen Leistungsbedürfnis dominiert. Wie Sie aus dem vorgestellten Fallbeispiel entnehmen konnten, setzt sich ein solcher Mensch eigene Ziele, von denen er nicht leicht abzulenken ist („glücklicherweise habe ich nichts davon bemerkt...", „Ich habe einfach weitergearbeitet."). Diesen Typ muß man *fordern*, sonst verliert er die Lust. Beiden Unternehmen gelang es nicht, Shelly hinreichend zu motivieren – sie versuchten, sie auf die Entwicklung von Produkten der zweiten und dritten Generation festzulegen.

Shelly ist eine Einzelkämpferin; sie wird sich schwerlich um Mitarbeiter kümmern, die nicht zu *ihrem* Projekt gehören. Die Beschäftigung mit „zwischenmenschlichen" Problemen interessiert sie nicht sonderlich.

Geoff ist ein Wissenschaftler mit dominantem Harmoniebedürfnis; das läßt sich eindeutig an seiner Ausrichtung auf Beziehungen erkennen und an dem Streß, den ihm Shellys Aufregung über seine Beförderung zum Manager bereitete. Er hatte auch Probleme, sich mit Mitarbeitern der „zweiten Gruppe" zu unterhalten, die ihre Meinung „grob" und „unverblümt" äußern. Sekundär ist bei Geoff das Bedürfnis nach Macht ausgeprägt; dafür spricht seine Formulierung, es würde ihm Spaß machen, „Einfluß auf eine Gruppe von Menschen auszuüben". Er ist in der Lage, seine Vorgesetzten zu beeinflussen – zum Beispiel erreicht er, daß Shellys Projekt fortgeführt wird – und seine wissenschaftlichen Mitarbeiter von unnötiger Konfrontation mit organisatorischen Problemen fernzuhalten (Shelly merkte nichts von den Entscheidungen, die bezüglich ihres Projektes getroffen wurden).

Bei Ichiro erkennt man ein dominantes Machtbedürfnis. Die Arbeit im Labor machte ihn nicht glücklich, er denkt viel lieber strategisch. Am meisten begeistern ihn

Positionen, in denen er die „Teilchen des Puzzles 'Strategie' zusammensetzen kann". Seine jetzige Stellung an der Spitze einer Risikokapitalgesellschaft entspricht seinen Bedürfnissen daher in idealer Weise.

Das vorherrschende arbeitsbezogene Bedürfnis jeder der drei Personen geht bereits aus der Beschreibung klar hervor, die sie von ihrer ersten Industrieposition liefern. Shelly erinnert sich an die Ausrüstung und an die Umgebung, in der sie ihre Experimente ausführen konnte. Geoff fallen die Menschen ein – das Kennenlernen ohne Rücksicht auf die Stellung des einzelnen in der Unternehmenshierarchie. Ichiro erwähnt die organisatorische Struktur des Unternehmens und kommt dann sofort auf seine eigenen Karrierepläne zurück.

Stellen Sie sich vor, Sie führen mit diesen drei Wissenschaftlern ein Vorstellungsgespräch. Um zu verstehen, wodurch jeder einzelne motiviert wird, brauchen Sie nur genau zuzuhören, wie die Erfahrungen beschrieben werden. Worüber reden sie? Was gefällt ihnen, was mißfällt ihnen? Wo hatten sie Erfolg?

Betrachten wir Shelly. Es ist nicht zu übersehen, daß sie sich auf die Beschaffung von Arbeitsmitteln konzentriert (Ausrüstung im ersten Unternehmen, Mittel und Personal im zweiten). Was sucht sie? Ziele, Auflagen, Einschränkungen, Pflichten. Warum verläßt sie die Firmen? Weil sie sich nicht abstempeln und festlegen lassen will. Ein solcher Wissenschaftler ist als Einzelkämpfer immer dann motiviert, wenn er sich (heraus)gefordert sieht. Wenn Sie diese Herausforderung aufrechterhalten können, haben Sie schon fast eine Garantie für den wissenschaftlichen Fortschritt Ihres Instituts.

Und Geoff? Seine Konzentration auf Menschen ist ebenso offensichtlich wie die von Shelly auf Arbeitsmittel. Sowohl bei der Beschreibung seiner ersten als auch seiner gegenwärtigen Stellung betont Geoff die zwischenmenschlichen Beziehungen (er hat Spaß daran, „mit Leuten zu reden"). Die komplizierte Situation mit Shelly (nach seinem Aufstieg ins Management) hat er erstaunlich gut bewältigt – Shelly hat nicht nur ihre Kündigungsabsichten aufgegeben, sondern ihr gelang sogar eine zweite wichtige Entdeckung. Der mit solchen Situationen verbundene Streß kann natürlich physischen Tribut fordern. Ein Wissenschaftler wie Geoff ist hochmotiviert in einer Position, in der er sich auf zwischenmenschliche Beziehungen konzentrieren kann.

Betrachten wir zuletzt Ichiro. Bei der Beschreibung seiner ersten Industriestellung legt er den Schwerpunkt auf organisatorische und strategische Aspekte. Schon frühzeitig in seiner Karriere wurde ihm die Leitung einer großen Abteilung übertragen, und durch seinen Erfolg wurde er bald zum Vizedirektor der F&E befördert. Dieser Wissenschaftlertyp ist am besten für Positionen geeignet, in denen er an der Veränderung und strategischen Planung des „großen Ganzen" mitwirken kann.

Gibt es klar unterscheidbare Persönlichkeits-„Typen"?

Vor Ihrem geistigen Auge sind jetzt womöglich ganz klare Bilder von der „leistungsstarken", „machtbetonten" und „beziehungsbetonten" Persönlichkeit entstanden. Man kann tatsächlich einige prinzipielle Typen unterscheiden, aber längst nicht so eindeutig: Die Bedürfnisse sind in vielfältiger Weise miteinander kombiniert und lassen sich nicht allein, etwa anhand eines typischen Erscheinungsbildes, aus der äußeren Betrachtung eines Menschen (Kleidung, soziales Verhalten) ablesen. Der einzige Weg, die Bedürfnisse eines Menschen zu erkennen, ist, ihm *zuzuhören* und seine Verhaltensmuster über längere Zeit hinweg zu beobachten.

Einige Folgerungen für das Management

Wir sind „motiviert", wenn die grundlegenden Arbeitsbedingungen erfüllt sind und die menschlichen Aspekte der Tätigkeit mit denen unserer Persönlichkeit in Einklang stehen. Mancher gerät ohne sein Zutun an den richtigen Job; mancher wählt sich die passende Position selbst aus; mancher ist an der richtigen Stelle, wechselt aber von selbst zu einer weniger passenden Position oder wird dorthin versetzt. Wenn persönliche Fähigkeiten und Anforderungen der Tätigkeit nicht mehr übereinstimmen, verliert man den Spaß an der Arbeit. Man betrügt sich vielleicht eine Zeitlang mit Titeln, Prestige oder Geld, aber man ist nicht wirklich glücklich (motiviert).

Der vielleicht häufigste Fehler in Forschungseinrichtungen ist folgender: Ein Angestellter wird allein aufgrund seiner wissenschaftlichen oder technischen Leistungen auf eine Position im Management versetzt, ohne daß man sich davon überzeugt hat, daß die arbeitsbezogenen Bedürfnisse seiner Persönlichkeit sich mit der neuen Stellung vereinbaren lassen. Manchmal hat das Institut Glück: Der Versetzte findet plötzlich heraus, daß Wissenschaftsmanagement genau das ist, was ihm wirklich Spaß macht. In der Regel dauert die Begeisterung, die Forschungstätigkeit hinter sich gelassen zu haben, aber nicht lange: Bald ist der Wissenschaftler frustriert. Mancher versucht, seine Experimente fortzusetzen, aber darunter leiden sowohl die Forschungsergebnisse als auch die Aufgaben im Management.

Als günstig haben sich „Stufenleitern" der wissenschaftlich-technischen Karriere erwiesen, Titel, Positionen und Anerkennungen, die mit den Aufstiegsmöglichkeiten im Management Schritt halten. Wichtig ist, daß diese Stufenleitern wirklich „parallel" verlaufen: Wenn ein Institut wissenschaftliche Leistungen nicht genauso würdigt wie geschäftliche Abschlüsse, dann ist die Förderung geschäftlicher Leistungen nur „fauler Zauber". Hat Ihr Institut das Glück, eine „Shelly" zu beschäftigen, dann müssen Sie sie fordern und ihre Leistungen vor dem ganzen Institut sichtbar wirkungsvoll anerkennen (dazu gehören auch Gehaltserhöhungen und Prämien).

Wenn *Sie* selbst in der richtigen Position sind und wenn Sie über Einstellungen entscheiden müssen, achten Sie auf eine ausgewogene Zusammensetzung des Ihnen unterstellten Personals. Folgende Faustregel kann dabei helfen: Stellen Sie eine hinreichende Anzahl Wissenschaftler mit hohem Leistungsbedürfnis ein, damit der technische Fortschritt Ihrer Einrichtung gesichert ist. Weiterhin benötigen Sie einige Mitarbeiter (die genaue Zahl hängt stark von der Größe der Einrichtung ab) mit dominantem Machtbedürfnis, die strategisch planen und die Richtung der Forschungsarbeiten bestimmen. Stellen Sie schließlich auch genügend Wissenschaftler mit hohem Harmoniebedürfnis ein; sie sind der menschlicher „Klebstoff", der das Institut zusammenhält.

Wenn Sie im Management beschäftigt sind, kontrollieren Sie ständig, ob alle Ihre Mitarbeiter motiviert sind. Falls nicht, teilen Sie den betreffenden Personen andere Aufgabenbereiche zu, die ihren persönlichen Fähigkeiten besser entsprechen. Sollte das nicht möglich sein, so müssen Sie gemeinsam ernsthaft über andere Perspektiven nachdenken, und zwar rechtzeitig. Ist ein Mitarbeiter erst wirklich demoralisiert, so kann er die Moral der gesamten Einrichtung untergraben.

Nehmen wir abschließend an, Sie hätten einen Mitarbeiter sorgfältig beobachtet, wären überzeugt, daß er ein hohes Bedürfnis nach Harmonie hat und ihm eine Tätigkeit im Management Freude machen könnte. Bevor Sie ihn befördern, sollten Sie sich überlegen, welche Art der Weiterbildung Sie ihm anbieten können. Am Anfang haben die meisten Menschen Probleme damit, Entscheidungen zu treffen, die andere verletzen; dies zeigt uns Geoffs Geständnis, daß er nicht fähig gewesen wäre, jemanden wie ihn selbst an Shellys Stelle zu befördern.

Ist (auch) Ihr Chef in der richtigen Position?

Eine nichttriviale Aufgabe des Managers ist der Umgang mit seinen Vorgesetzten – nicht nur mit Gleichgestellten und Untergebenen. Vielleicht war es ein Fehler, daß Ihr Chef von der aktiven Forschung ins Management versetzt wurde. Es ist dann Ihre Aufgabe, als eine Art „Dolmetscher" zwischen Ihrem Chef und Ihrem Personal (und möglicherweise auch höheren Vorgesetzten) zu wirken. Eventuell müssen Sie „für zwei" denken – Ihre eigenen Verantwortlichkeiten wahrnehmen und ständig überlegen, was Ihr Chef tun könnte, um ihm gegebenenfalls (diplomatisch!) Hinweise zu geben und Vorschläge zu unterbreiten. Hat Ihr Vorgesetzter im Management ein dominantes Leistungsbedürfnis, dann empfehlen Sie ihm einen Assistenten mit hohem Harmoniebedürfnis. Überlegen Sie, wie Sie ihn bei der strategischen Planung unterstützen können; versuchen Sie zum Beispiel, ihm bei der Realisierung eines Projektes einen Mitarbeiter mit dem Wunsch und dem Bedürfnis nach Macht zur Seite zu stellen.

Zusammenfassung

Die schöpferische Atmosphäre in einer Forschungseinrichtung, deren Mitarbeiter hochmotiviert sind, ist für Außenstehende unschwer zu erkennen. Die Angestellten lieben ihre Arbeit, ihnen erscheint fast nichts unmöglich.

Eine solche Atmosphäre erreicht man, wenn zunächst die grundlegenden Arbeitsbedingungen geschaffen werden. Darüber hinaus ist harte Arbeit des Managements erforderlich, um die menschlichen Aspekte einer Persönlichkeit mit denen ihres Aufgabenbereiches abzustimmen, wobei die Grundbedürfnisse des Menschen – nach Macht, Leistung und Harmonie – angesprochen werden.

Anmerkungen

1. Ein hervorragender Überblick über die Theorien findet sich zum Beispiel in *Organizational Behaviour* von Gregory Moorhead und Ricky W. Griffin, Houghton-Mifflin, Boston, 1994.
2. Die drei Einflußsphären wurden von R. E. Boyatzis beschrieben in „Competence at Work": A. J. Stewart (Hrsg.), *Motivation and Society*, Jossey Bass, San Francisco, 1982.
3. Siehe zum Beispiel *Motives, Personality, and Society* von David McClelland; Praeger, New York, 1984.
4. Bilder und Arbeitsanleitungen wurden mit freundlicher Genehmigung entnommen aus P. P. Dawson, *Fundamentals of Organizational Behaviour*, Prentice-Hall, Englewood Cliffs, New Jersey, 1985. Die Bewertung orientiert sich an J. W. Atkinson (Hrsg.), *Motives in Fantasy, Action, and Society*, Van Nostrand, New York, 1958.
5. Diese Untersuchung ist nachzulesen in A. J. Stewart (siehe Anmerkung 2).
6. Alle Fallbeispiele, die in diesem Buch diskutiert werden, wurden willkürlich aus vielen authentischen Details zusammengesetzt. Sie sollen Verallgemeinerungen zulassen und keinesfalls bestimmte Personen oder bestimmte Einrichtungen beschreiben.

3 Ihr Führungsstil und der Führungsstil anderer

Was ist ein Führungsstil?

Der Führungsstil ist der zweite wichtige menschliche Aspekt unserer persönlichen Fähigkeiten; Sie sehen dies auch im Venn-Diagramm in Kapitel 2. Unser *bevorzugter* Führungsstil ist ebenso ein unveränderlicher Teil unserer Persönlichkeit wie die arbeitsbezogenen Bedürfnisse nach Macht, Leistung und Harmonie. Forschungsarbeiten auf dem Gebiet des Managements zeigen jedoch, daß wir unseren bevorzugten (natürlichen) Führungsstil modifizieren können und *müssen*, um unser Verhalten den jeweiligen äußeren Umständen anzupassen. Die kritische Frage ist selbstverständlich, welcher Führungsstil unter welchen Bedingungen günstig ist. Bevor wir uns ausführlich damit beschäftigen, sollen zwei prinzipielle Punkte geklärt werden.

Erstens: Was verstehen wir unter „Führung" (im engeren Sinne im F&E-Bereich)? Eine „Führungspersönlichkeit" soll Wissenschaftlern Vorbild sein und Anregungen liefern; sie gibt die Richtung des Handelns, der Entscheidungen und der Lösung von Problemen vor. In diesem Kapitel wird angenommen, daß Sie – unabhängig von Ihrem formalen Titel – einige (oder alle) dieser Aufgaben wahrnehmen.

Zweitens soll der Begriff „Führungsstil" klar von anderen Begriffen abgegrenzt werden, die oft im Zusammenhang mit „Führung" verwendet werden. Vielleicht ist Ihnen schon jemand als „autokratischer" (oder „demokratischer" oder „partizipativer") Leiter beschrieben worden. Diese Begriffe haben weniger mit dem Führungsstil zu tun als damit, ob und wie die Meinung anderer Personen in die Entscheidungsfindung einbezogen wird. Ein *Autokrat* kümmert sich wenig oder nicht um die Meinung anderer; *demokratische* Führung bedeutet, daß die Meinung der Mehrheit entscheidet; ein *Konsens* wird gefunden, wenn alle beteiligten Parteien einer Aktion zustimmen müssen; ein *partizipativer* Leiter fragt zwar nach der Meinung anderer, kann aber trotzdem allein entscheiden.[1]

Ob und inwieweit Sie die Meinung anderer Leute berücksichtigen, sollten der gesunde Menschenverstand und die aktuelle Situation bestimmen. In einer Krise sind Sie vielleicht zu autokratischem Handeln gezwungen: Niemand bezweifelt dies zum Beispiel bei einem Arzt an einer Unfallstelle. Bei der Auswahl des Anstrichs der Wände in der Kantine sollten Sie sich dagegen schon nach der Meinung der Mehrheit der Beschäftigten richten. Sind Sie auf einem bestimmten Gebiet kein Fachmann, dann sollten Sie sich versichern, daß entsprechende Spezialisten mit Ihren Aktionen einverstanden sind. Müssen Sie eine Entscheidung treffen, die sich stark auf Ihre Mitarbeiter und Untergebenen auswirkt, dann sorgen Sie für eine breite Beteiligung an der Diskussion.

Die Normen Ihrer Einrichtung, die im folgenden Kapitel diskutiert werden, beeinflussen den Entscheidungsprozeß ebenfalls. In manchen Instituten wird viel Wert darauf gelegt, zu einem Konsens zu finden. In anderen wiederum erwartet niemand eine gemeinsame Diskussion – weder die Führung noch diejenigen, die die Anordnungen befolgen sollen.

Die Führungsstile teilen wir in zwei Hauptgruppen ein, die von einem bekannten Forscher auf dem Gebiet der Führung von Menschen, Fred Fiedler, vorgeschlagen wurden. Fiedler beobachtete, daß es zwei verschiedene Wege gibt, wie Menschen in einer Organisation Handlungsrichtungen vorgeben, Entscheidungen treffen und Probleme lösen:[2]

Sie konzentrieren sich entweder primär

auf die gestellte *Aufgabe* und darauf, diese zu strukturieren (durch Verfahren und Methoden)

oder vorrangig

auf die *Menschen*, die an der Aufgabe beteiligt sind, und auf den Aufbau guter organisatorischer Beziehungen zwischen ihnen.

Fiedler vertritt die Ansicht, daß eine dieser Hauptrichtungen ein unveränderlicher Bestandteil unserer Persönlichkeit ist, ähnlich den arbeitsbezogenen Bedürfnissen nach Macht, Leistung und Harmonie. Jeder von uns bevorzugt einen bestimmten Führungsstil, der aber in bestimmter Weise modifiziert werden kann. Außerdem stellte man fest, daß es von der konkreten Situation abhängt, welcher der beiden Stile – der aufgabenorientierte oder der beziehungsorientierte – der effektivere ist. Dies soll in einigen Sätzen erklärt werden. Der aufgabenorientierte Stil ist wirkungsvoller, wenn die Aktion (die Entscheidung, das Problem) eindeutig definiert ist, auch dann, wenn ein hohes Maß an Unsicherheit vorliegt. Ein Beispiel ist folgende Situation: Sie sollen ein Projekt auf einem Forschungsgebiet beginnen, das für Ihre Einrichtung Neuland darstellt; Erfahrungen anderer Institute zeigten jedoch bereits, daß das Projekt realisierbar sein sollte (das bedeutet, die Aufgabe ist klar umrissen). Ein beziehungsorientierter Stil dagegen ist effektiver, wenn die Aktion (die Entscheidung, das Problem) nicht klar definiert ist oder es mehrere gleichwertige Lösungswege gibt. Wieder ein Beispiel: Sie sollen ein Projekt auf einem Forschungsgebiet beginnen, für das noch nirgendwo Erfahrungen existieren; „das Problem" wird von den Beteiligten auf verschiedene und widersprüchliche Weise interpretiert (das heißt, die Aufgabe muß zunächst definiert werden).

Der Unterschied der Effektivität beider Stile ist leicht zu erklären. Der aufgabenorientierte Stil versucht, die Situation durch Methoden, Abläufe, Algorithmen zu *strukturieren*. Ist die Situation eindeutig, effektiviert dieses Vorgehen organisatorische Aufgaben. Die Menschen arbeiten besser und schneller. Ist die Situation jedoch mehrdeutig, beeinträchtigt zuviel Struktur die Suche nach und den Austausch von Informationen; beides ist jedoch unbedingt notwendig, um unterschiedliche Interpretationen gegeneinader abzuwägen und die Verhältnisse soweit zu klären, daß die eigentliche Arbeit beginnen kann. Hier ist ein beziehungsorientierter Führungsstil – die Konzentration auf offene und engagierte Diskussion – in jedem Fall günstiger.[3] (Auf einige Details werden wir später zurückkommen – in Kapitel 5 zur Struktur der Organisation und Kapitel 7 zum Projektmanagement.)

Welcher ist Ihr Stil, welchen Stil erkennen Sie bei anderen?

Anmerkung: Auch die folgende zweite Aufgabe können Sie nur sinnvoll lösen, *bevor* Sie die anschließenden Erläuterungen gelesen haben. Sie brauchen insgesamt etwa 15 (ungestörte!) Minuten dafür.

Zweite Aufgabe

Fiedler entwickelte einen kurzen Fragebogen, den sogenannten LPC-Test*; aus Ihren Antworten läßt sich bis zu einem gewissen Grade die Hauptrichtung Ihres bevorzugten Führungsstils ableiten.

Arbeitsanleitung: Denken Sie an denjenigen Menschen, mit dem Sie bisher am *schlechtesten* zusammengearbeitet haben (den *am wenigsten geschätzten Mitarbeiter*). Ihre persönliche Sympathie oder Antipathie soll dabei keine Rolle spielen; wichtig ist nur, daß Sie beide nicht gut miteinander arbeiten konnten. Beschreiben Sie die Person anhand der vorgegebenen Skala (geben Sie zum Beispiel 8 Punkte, wenn Sie den Mitarbeiter nach Frage 2 als freundlich einschätzen). Arbeiten Sie sorgfältig und achten Sie darauf, daß sich die Richtung der Skala mehrmals umkehrt![4]

---

* LPC: *Least Preferred Coworker*, der am wenigsten geschätzte Mitarbeiter. (Anm. d. Übers.)

LPC-Skala

Punktzahl*

Links	Skala	Rechts	Punktzahl
angenehm	8 7 6 5 4 3 2 1	unangenehm	__
freundlich	8 7 6 5 4 3 2 1	unfreundlich	__
ablehnend	1 2 3 4 5 6 7 8	annehmend	__
angespannt	1 2 3 4 5 6 7 8	entspannt	__
distanziert	1 2 3 4 5 6 7 8	zugänglich	__
kalt	1 2 3 4 5 6 7 8	warm	__
unterstützend	8 7 6 5 4 3 2 1	feindselig	__
langweilig	1 2 3 4 5 6 7 8	interessant	__
streitsüchtig	1 2 3 4 5 6 7 8	harmonisch	__
düster	1 2 3 4 5 6 7 8	fröhlich	__
offen	8 7 6 5 4 3 2 1	vorsichtig	__
verleumderisch	1 2 3 4 5 6 7 8	loyal	__
nicht vertrauenswürdig	1 2 3 4 5 6 7 8	vertrauenswürdig	__
rücksichtsvoll	8 7 6 5 4 3 2 1	rücksichtslos	__
boshaft	1 2 3 4 5 6 7 8	nett	__
liebenswürdig	8 7 6 5 4 3 2 1	unliebenswürdig	__
unaufrichtig	1 2 3 4 5 6 7 8	aufrichtig	__
wohlwollend	8 7 6 5 4 3 2 1	gefühllos	__

*Übertragen Sie die Positionszahl Ihrer Wertung in diese Spalte

Sind Sie fertig? Rechnen Sie Ihre Gesamtpunktzahl aus; sie liegt zwischen 18 und 144. 18 bis 57 Punkte deuten auf einen *aufgabenorientierten Führungsstil* hin; zwischen 64 und 144 Punkten ist Ihr Führungsstil *beziehungsorientiert*. (Wenn Sie zwischen 58 und 63 Punkten errechnet haben, dann orientieren Sie sich am näherliegenden Typ.)

Beachten Sie dabei folgendes: Eine hohe Punktzahl in diesem Test bedeutet, daß Sie den „nicht geschätzten Mitarbeiter" *positiv* (das heißt wohlwollend) bewerten; Sie konzentrieren sich vorwiegend auf *Beziehungen*. Geben Sie nur wenige Punkte, dann schätzen Sie den Mitarbeiter überwiegend *negativ* ein; Ihr Stil ist *aufgabenorientiert*.

Mit dem Ausfüllen und der Auswertung dieses Fragebogens – also der Selbsteinschätzung – kommen Sie jetzt gut zurecht. Der nächste Schritt besteht nun darin, den Führungsstil *anderer* Menschen zu erkennen. Der Weg dahin besteht wieder im Zuhören und Beobachten, wobei die Erfahrungen einfließen sollen, die Sie bei der Bewertung Ihres eigenen Stils gesammelt haben. Eine Hilfestellung gibt Ihnen die folgende Beschreibung zweier Wissenschaftler mit verschiedenen Führungsstilen.[5]

Zwei Führungsstile

Lee und Stefan sind Physiker; beide leiten Forschungseinrichtungen, die im Land ein hohes Ansehen genießen. Ihre Wege zum Wissenschaftsmanagement waren recht verschieden:

Lee:

Der „große Sprung" war für mich die Beförderung vom Leiter der Abteilung Teilchenphysik zum Direktor des Instituts. Als Abteilungsleiter verfügte ich über ein ziemlich begrenztes Budget von etwa einer halben Million Dollar im Jahr. Dann erkrankte der Institutsdirektor; ich wurde gebeten, mich um seine Nachfolge zu bewerben. Einen ganzen Monat habe ich gebraucht, um mich zu entscheiden... Ich fahre mit dem Fahrrad zur Arbeit. Auf dem Weg habe ich wieder und wieder gegrübelt, ob ich wirklich die Verantwortung für fast 200 Millionen Dollar und andere Aufgaben des Managements auf mich nehmen wollte. Meiner Familie ging es langsam auf die Nerven, daß es für mich gar kein anderes Thema mehr gab...

Stefan:

Für mich war der Wechsel ins Management eher ein schrittweiser Prozeß. Ich kam als Postdoktorand von einer anderen Universität; bald war ich für eine Gruppe von Doktoranden und Technikern verantwortlich. Später wurde ich Dozent und Leiter des Laserlabors. In dieser Funktion mußte ich schon einige Aufgaben des Managements übernehmen – und sei es nur, dafür zu sorgen, daß mein Personal etwas leistete. Meine Verantwortung wuchs Schritt für Schritt, bis ich schließlich Direktor des gesamten Instituts wurde.

Frage: Was raten Sie Wissenschaftlern, die sich eine ähnliche Karriere vorstellen?

Lee:

Am wichtigsten ist, so früh wie möglich ins Management zu wechseln. Ich denke, als Anfänger in diesem Bereich haben Sie viele neue Ideen und auch den Mut, etwas Neues auszuprobieren: Sie sind noch nicht so mit der Bürokratie verwachsen. Je älter Sie werden, desto fester sind Sie in „das System" eingebunden und verlernen langsam, es zu „hinterfragen". Mein erster Rat ist daher: Entscheiden Sie sich bald!

Ein zweites Argument: Wenn Ihnen etwas daran liegt, die Art und Weise der Leitung eines Instituts und seine langfristige Orientierung zu bestimmen, dann eignen Sie sich zum Manager. Als mir der Posten des Institutsdirektors angeboten wurde, fiel mir eine Reihe von Dingen ein, die ich gern verbessert hätte. Ich sah eine gute Möglichkeit, dort etwas zu ändern, wo es mir wichtig erschien.

Stefan:

Diese Gedanken sind sicher wesentlich, aber es gibt noch andere Gesichtspunkte. Überlegen Sie sich, wie schwer es Ihnen fällt, sich von der aktiven Forschung zu verabschieden! Ich verwende viel Zeit darauf, mit Leuten aus meiner Abteilung, denen eine Stelle im Management vorschwebt, gerade über diesen Punkt zu reden. Ihnen sage ich, daß sie die Forschung nur dann verlassen sollten, wenn dies nicht einen Verlust für sie bedeutet, der nicht wiedergutzumachen ist.

Viel zu oft entscheiden sich Leute für einen Wechsel ins Management, weil die Experimente nicht gut laufen, sie sich mit ihrem Vorgesetzten nicht verstehen, sie sich nicht anerkannt fühlen oder aus einem ähnlichen Grund. Dem Wechsel sollte aber eine *positive* Entscheidung zugrunde liegen! Werden Sie nur mangels anderer Ideen Manager, dann werden Sie niemals effektiv arbeiten.

Frage: Sie sind beide als Manager sehr erfolgreich. Wo sehen Sie die Gründe für Ihren Erfolg?

Lee:

Ich bin fest davon überzeugt, daß die Nähe zur Wissenschaft eine Bedingung für den Erfolg in meiner Position ist. Wöchentlich rufe ich die Managementgruppe unseres Instituts zu einer Sitzung zusammen, wobei Anwesenheit Pflicht ist. Dazu laden wir einige ausgewählte Physiker ein – solche, die auf ihrem Gebiet führend sind, oder solche, die widersprüchliche Ansichten vertreten. Dies hilft uns bei der Entscheidung über die Verteilung unserer Mittel.

Ich denke, für den Erfolg des Instituts ist es auch sehr wichtig, daß ich immer die fähigsten Mitarbeiter einstelle, die ich finden kann. Ich habe beobachtet, nach welchen Gesichtspunkten einige meiner Kollegen entscheiden, wen sie einstellen; oft sind es Menschen, mit denen sie meinen, gut auskommen zu können. Und jeder von uns wird wohl zugeben: Man fühlt sich gelegentlich am wohlsten im Kreise von Leuten, die zu einem aufblicken müssen... Ich versuche immer, den tüchtigsten Bewerber einzustellen, obwohl ich damit auch Probleme hatte und manche Entscheidung sich im Nachhinein als falsch erwies.

Stefan:

Ich bin vollkommen einverstanden: Man sollte die Besten und Fähigsten einstellen, denn ich bin der Ansicht, die Menschen sind meine wertvollste Ressource. Ich versuche, mein Personal sorgfältig auszuwählen, mich um jeden einzelnen zu kümmern und mit allen im Gespräch zu bleiben. Für mich ist das der wichtigste Aspekt des Managements im Forschungsbereich.

Entscheidend ist, wen ich einstelle, wie ich meine Angestellten berate und wo ich sie einsetze. Wenn das Personal nicht in der Lage ist, eine gestellte Aufgabe zu erfüllen, mir nicht vertraut oder nicht sorgfältig genug arbeitet, dann liefert die gesamte Abteilung keine zufriedenstellenden Ergebnisse. Gute Arbeit kann nur von guten Wissenschaftlern geleistet werden!

Frage: Erklären Sie bitte Ihren Führungsstil an einem Beispiel.

Lee:

Vor zwei Jahren forderte ein hochangesehener Wissenschaftler mehr Arbeitsplatz und mehr Verantwortung; anderenfalls wollte er das Institut verlassen. Zu dieser Zeit war in einem anderen unserer Gebäude eine Abteilung untergebracht, die dort wirklich nicht hingehörte. Ich beschloß, die beiden Abteilungen in einem sehr vorsichtigen Manöver auszutauschen; wir richteten ein neues Labor für die Gruppe des angesehenen Wissenschaftlers ein, der inzwischen selbst einer meiner Bereichsleiter geworden ist.

Der Chef der Gruppe, die dafür ausziehen mußte, hat mir diese Entscheidung sehr übelgenommen. Monatelang sprach er fast überhaupt nicht mit mir. Sein Arbeitsbereich begann sich aber vorteilhaft zu entwickeln, weil er am neuen Standort von Gruppen umgeben war, deren Themen seine Forschung gut ergänzten. Schließlich kam er zu mir, um zu sagen, daß er jetzt der Meinung wäre, ich hätte richtig gehandelt.

Stefan:

In meinem Institut gibt es Wissenschaftler, die sehr exzentrisch sind, aber trotzdem außergewöhnliche Forschungsleistungen erbringen. Manchmal werde ich gefragt, wie lange ich mitspiele, wenn es mit diesen Leuten Ärger gibt. Ehrlich gesagt habe ich in solchen Situationen einen sehr langen Atem. In erster Linie versuche ich, Ärger von diesen Menschen fernzuhalten. Aber ich verstehe sie und bin mir vor allem darüber im Klaren, daß mein Institut ohne solche Mitarbeiter sehr mittelmäßig wäre.

Einer unserer Wissenschaftler hat mein Verständnis im Laufe der Jahre besonders stark beansprucht. Die Mitarbeiter regten sich oft über seine Arroganz auf, aber ich stellte mich zwischen beide Fronten. Seine enormen wissenschaftlichen Leistungen befriedigen mich jetzt ganz besonders.

Frage: Welche Gefühle bewegen Sie, wenn Sie an Ihre Aufgabe als Manager eines Forschungsunternehmens denken?

Stefan:

Man muß die Befriedigung aufgeben wollen, die einem eigene Forschungsergebnisse verschaffen; diese Befriedigung muß man aus den Ergebnissen anderer ziehen. Man wird zum Wegbereiter; später erkennt man auch Fortschritte auf dem Gebiet der Physik, aber es sind nicht die eigenen Ergebnisse; man hat die Experimente „nur" *ermöglicht.*

Das Management im F&E-Bereich ist für Außenstehende weit weniger sichtbar – und wird weit seltener zur Kenntnis genommen – als das Management eines Unternehmens, das ein greifbares Produkt herstellt. Ich muß nach vielen kleinen Wegen suchen, meine Befriedigung zu finden, die in der täglichen Zusammenarbeit mit meinen Mitarbeiter liegt – nicht in den spektakulären wissenschaftlichen Leistungen, die in meinem Institut gelegentlich gelingen.

Lee:

Der Manager von Forschung und Entwicklung wird oftmals einfach nicht wahrgenommen. Das ist hart: Schließlich habe ich ein Ego wie jeder andere auch! Am schwersten fiel mir die Erkenntnis, daß ich alt und grau werde, bevor die Welt meinen Beitrag anerkennt.

Analyse der Führungsstile

Daraus, wie die Menschen ihre Arbeit sehen und wie sie sich dazu äußern, sollten Sie ihre Bedürfnisse nach Macht, Leistung und Harmonie in der Arbeitswelt erkennen. Es sollte Ihnen nicht entgangen sein, daß der Führungsstil von Lee die Aufgabe, der von Stefan dagegen die Beziehungen in den Vordergrund stellt. Denken Sie daran, wie beide ihren beruflichen Wechsel ins Management darstellen: Lee sprach vom Unterschied der finanziellen Ausstattung (*Struktur*) der jeweiligen Einrichtungen, Stefan vom Zuwachs an Verantwortung für Menschen *(Beziehungen)*.

Auf die Frage nach einem Rat für Wissenschaftler, die sich für eine managementorientierte Tätigkeit interessieren, antwortete jeder entsprechend seinem Stil. Lee betonte die Struktur: „Je eher Sie es tun, desto besser, und tun Sie es unbedingt, wenn Sie Veränderung wollen". Stefan empfahl, zunächst darüber nachzudenken, wie schwer einem der Abschied von der wissenschaftlichen Praxis fallen wird, und berichtete, er habe „eine Menge Zeit mit Leuten verbracht", bei denen er einen Rat zu seiner Entscheidung suchte. Mit anderen Worten: Er konzentrierte sich auf Beziehungen.

Nach der Ursache ihres Erfolges gefragt, führte Lee ihre Nähe zur Wissenschaft an und das Bestreben, immer die besten Mitarbeiter zu gewinnen. Stefan meinte, die Menschen seien der wertvollste „Rohstoff" seines Instituts, und Management bestünde vor allem darin, sie zu fördern und ständigen Kontakt mit ihnen zu suchen.

Schließlich sollten beide ein Beispiel ihres Führungsstils geben. Lee löste das Problem mit ihrem „sehr angesehenen Wissenschaftler" durch Anwendung struktureller Maßnahmen: Sie verlegte eine Arbeitsgruppe in ein anderes Gebäude. Stefan beschrieb, wie er sich bemüht, auch exzentrische Mitarbeiter zu verstehen und vor den weniger geduldigen Kollegen in Schutz zu nehmen.

Wie sehen Sie Ihren eigenen Stil – ähnelt er eher dem von Lee oder dem von Stefan?

Ist Ihnen beim Lesen der Fallstudien aufgefallen, daß Lee ein dominantes Machtbedürfnis haben könnte? Ähnlich wie Ichiro in Kapitel 2 spricht Lee von ihrer Einrichtung, ihrer Position, übernommenen Aufgaben und erreichten Veränderungen. Bei Stefan dagegen steht wohl das Bedürfnis nach Harmonie und Anerkennung im Vordergrund: Wie Geoff in Kapitel 2 hält er es vor allem für wichtig, sich um die Mitarbeiter zu kümmern, sie zu beraten und jene zu schützen, die ständig ihrer Exzentrizität wegen kritisiert werden.

Es gibt eine Beziehung zwischen der Reihenfolge, in der wir unsere arbeitsbezogenen Bedürfnisse sehen (Theorie von McClelland), und unserem bevorzugten Führungsstil (Theorie von Fiedler), da beide Teil unserer Persönlichkeit sind.[6] Ist Ihnen Leistung wichtig, so sollte Ihre Punktzahl im LPC-Test zwischen 18 und 57 liegen. Ist Ihnen Harmonie wichtig, sollten Sie zwischen 64 und 144 Punkten notiert haben (wahrscheinlich etwa 80 bis 100). Stimmen Ihre wichtigsten Bedürfnisse nicht mit der Punktzahl überein, dann entspricht letztere sicher Ihrem zweitwichtigsten Bedürfnis.

Die Korrelation zwischen arbeitsbezogenen Bedürfnissen und Führungsstil vermittelt Ihnen auch einen Eindruck von dem „Abstand" zwischen Ihren primären, dominierenden und Ihren sekundären Bedürfnissen. Haben Sie die Motivationen in der Reihenfolge Macht → Harmonie → Leistung geordnet und eine hohe Punktzahl (100 oder mehr) erreicht, dann liegt Ihr Bedürfnis nach Harmonie dem (primären) nach Macht sehr „nahe". Ist Ihre Punktzahl niedrig (etwa 48), dann ist der „Abstand" zwischen Macht und Harmonie groß, der zwischen Harmonie und Leistung dagegen klein. Ist Ihre Reihenfolge der Motivationen dagegen Harmonie → Leistung → Macht und die Punktzahl niedrig, so liegen Ihre Bedürfnisse nach Harmonie (dominant) und Leistung eng beieinander. Dies können Sie beliebig fortsetzen.

Nehmen Sie jetzt noch einmal das Diagramm Ihrer Motivationen zur Hand; ergänzen Sie es mit Hilfe Ihrer Punktzahl für den Führungsstil. Überdenken Sie die Ergebnisse auch im Zusammenhang mit der Diskussion in Kapitel 2.

Einige Folgerungen

Ist Ihr Führungsstil aufgabenorientiert, dann sind Sie besonders effektiv, wenn eine konkrete Frage oder Maßnahme, ein definiertes Problem vor Ihnen liegen. Seien Sie aber vorsichtig, wenn dies nicht der Fall ist. Wenn – wie in bereits besprochenen Beispielen – Ihre Arbeitsgruppe ein Forschungsgebiet neu in Angriff nimmt, sollten Sie darauf achten, nicht zu früh den Schwerpunkt auf Strukturierung zu setzen. Fördern Sie statt dessen eine breite, auch kontroverse Kommunikation aller Beteiligten, indem Sie Wert auf gute zwischenmenschliche Beziehungen legen, um Mehrdeutigkeiten abzubauen. Haben sich die Verhältnisse bis zu einer grundsätzlichen Übereinkunft geklärt, dann sind Sie mit Ihrem aufgabenorientierten Stil erfolgreicher.

Genau umgekehrte Überlegungen gelten, wenn Sie einen beziehungsorientierten Führungsstil bevorzugen. Sie haben dann mehr Erfolg, wenn die Frage, das Problem, die anstehende Maßnahme nicht so eindeutig zu definieren sind. Die obige Situation – den Einstieg in ein neues Forschungsgebiet – werden Sie dann gut bewältigen. Achten Sie aber darauf, daß Sie die Beziehungen nicht überbetonen, wenn sich die Aufgabe in klare Einzelschritte zu zerlegen beginnt. Sie sollten dann aufgabenorientierter arbeiten, um effektiv zu sein.

Natürlich werden Ihre Aufgaben selten so genau definiert sein. In allen Situationen, die Ihnen begegnen, werden Sie darüber nachdenken müssen, *wie* konkret die Aufgabe umrissen ist. Am Anfang werden Sie sicher oft in Ihren bevorzugten Stil „zurückfallen", und erst später kommen Sie dazu nachzudenken, ob Sie wirklich effektiv waren. Aber bald werden Sie erst dann handeln, wenn Sie die Situation genau überdacht haben. Und schließlich, durch praktische Erfahrung, Überlegung und Auswertung Ihrer Fehler, werden Sie in der Lage sein, Ihren Stil den jeweiligen Erfordernissen anzupassen.

Sie sollten auch den Führungsstil Ihres Chefs erkennen können und mit Situationen fertigwerden, in denen der Stil Ihres Chefs nicht den Anforderungen entspricht. Und genauso: Wenn Sie einen der Wissenschaftler Ihrer Einrichtung für eine Führungsposition vorgesehen und sich überzeugt haben, daß seine Bedürfnisse wirklich denen einer Führungsposition entsprechen, dann müssen Sie auch den Führungsstil dieses Mitarbeiters erkennen. Wie nimmt er ein Problem in Angriff? Durch strukturelle Maßnahmen – oder legt er Wert auf Beziehungen? Wenn Sie den Stil identifiziert haben, sollten Sie versuchen, dem Mitarbeiter Hinweise zu geben, wann und wie er erfolgreich arbeiten kann – und nicht zuletzt müssen Sie ein klares, überzeugendes Beispiel durch Ihre eigene Arbeitsweise geben.

Zusammenfassung

Ein Kennzeichen effektiver Führungstätigkeit ist die Fähigkeit, den Führungsstil den Erfordernissen der jeweiligen Situation anzupassen. Wenn die Maßnahme, die Entscheidung oder das Problem eindeutig definiert ist, sollte man sich auf die *Aufgabe* konzentrieren. Sind jedoch mehrere Lösungswege denkbar oder ist die Aufgabe nicht klar umrissen, so sollte man sich auf die beteiligten *Menschen* stützen und für eine effektive Zusammenarbeit und Kommunikation sorgen, bis sich Ambiguitäten reduzieren lassen und sich die einzelnen Schritte eindeutiger herausstellen.

Ihren Stil sowie dessen Stärken und Schwächen zu verstehen, ist ein wesentlicher Schritt auf Ihrem Weg zu einer erfolgreichen Führungspersönlichkeit im F&E-Bereich.

Anmerkungen

1. Interessierten Lesern sei empfohlen, sich auch über die zahlreichen anderen Führungstheorien zu informieren, beispielsweise in Gregory Moorhead, Ricky W. Griffin; *Organizational Behaviour*; Houghton-Mifflin, Boston, 1994.
2. Im unter 1. zitierten Buch wird auch das Führungsstilmodell von Fiedler behandelt.
3. Dieser Aspekt der Führung wird in zahlreichen Arbeiten zur Problemlösungsfähigkeit in Gruppen angesprochen; eine frühe Untersuchung ist *Human Information Processing* von H. M. Schroder, M. Driver; Holt, Rinehart and Winston, New York, 1967.
4. Der Fragebogen und die Arbeitsanleitung wurden mit freundlicher Genehmigung entnommen aus Peter P. Dawson, *Fundamentals of Organizational Behaviour*, Prentice-Hall, Englewood Cliffs, 1985.

5. Alle hier angeführten Fallbeispiele wurden willkürlich aus vielen authentischen Details zusammengesetzt. Sie sollen Verallgemeinerungen zulassen und keinesfalls bestimmte Personen oder bestimmte Einrichtungen beschreiben.
6. In den letzten Jahren hat die Autorin dieses Buchs die Ergebnisse der Tests 1 und 2 von Gruppen aus Wissenschaftlern bzw. Absolventen in unregelmäßigen Abständen verfolgt. Obwohl man dies nicht als eine ernsthafte Forschungsarbeit bezeichnen sollte, stimmen die Kombinationen der Bedürfnisse und Punktzahlen (mit wenigen Ausnahmen) mit den Angaben im Text überein.

4 Unternehmenskultur erkennen und bewerten

Die Unternehmenskultur hat mindestens zwei Gemeinsamkeiten mit der individuellen Persönlichkeit: Erstens beeinflussen beide die Arbeitsumgebung erheblich, zweitens sind beide nicht leicht zu ändern. Das folgende Kapitel ist dem ersten Punkt gewidmet; der zweite wird in Kapitel 9 zur Diskussion stehen.

Die Kultur ist der wichtigste menschliche Aspekt des organisatorischen Aufbaus der Einrichtung, wie es das Venn-Diagramm in Kapitel 2 zeigt. An dieser Stelle wurde auch besprochen, daß eine Übereinstimmung von a) den technischen und menschlichen Aspekten der Anforderung der Tätigkeit und b) den technischen und menschlichen Aspekten der persönlichen Fähigkeiten – Ihrer und derer Ihrer Mitarbeiter – erforderlich ist, damit die Forschungseinrichtung engagiert und begeistert („motiviert") arbeitet. Um eine engagierte, begeisterte und *kreative* Arbeit einer Gruppe von Wissenschaftlern zu erreichen, muß überdies gesichert sein, daß sich der organisatorische Aufbau – der dritte Kreis des Diagramms – förderlich auf Zusammenarbeit, intellektuelle Herausforderung, offene und ehrliche Kommunikation und Risikobereitschaft auswirkt. Der wissenschaftliche Fortschritt bleibt aus, wenn nicht sowohl menschliche als auch technische Aspekte des weiteren sozialen Umfelds diese Bedingung erfüllen.[1]

In diesem Kapitel wird ein Modell der Unternehmenskultur vorgestellt. Es soll Ihnen helfen, die Kultur Ihrer Einrichtung zu erkennen. Im nächsten Schritt sollen Sie bewerten, ob diese Kultur die wissenschaftliche Kreativität in Ihrem Institut begünstigt oder hemmt. In Kapitel 5 werden die wichtigsten technischen Aspekte behandelt, die den wissenschaftlichen Fortschritt beeinflussen – Struktur, Unternehmensgröße und formale Zusammenhänge.

Modell einer Kultur

Die Kultur ist – wie auch die Persönlichkeit – aus „Schichten" aufgebaut; die drei Ebenen sind die *Äußerung*, die *Rechtfertigung* und die *Grundeinstellung*.[2]

Äußerung

Die oberste Schicht der Kultur besteht zunächst in greifbaren Äußerungen wie dem offiziellen Logo oder Symbol, das man auf Briefköpfen und Visitenkarten wiederfindet, den Gebäuden (insbesondere dem Hauptsitz) und ihrer geographischen Umgebung, der Kleiderordnung (Uniformen) und ähnlichem.

Es gibt auch inoffizielle „Symbole", in denen sich die Unternehmenskultur äußert. Viele Einrichtungen pflegen ein Image, meist ein bildliche Darstellung des wirklichen Charakters des Instituts. Eine Forschungseinrichtung wurde zum Beispiel von ihren Beschäftigten als „chemische Festung" bezeichnet. Es überrascht nicht, daß es in diesem Institut fast unmöglich war, mit anderen als chemischen Verfahren zu arbeiten. Eine andere Einrichtung wurde mit einer Galeere verglichen, in der die Ruder abwechselnd nach vorn und hinten ausgerichtet sind. Die Wissenschaftler (die Ruderer) merkten, daß sie selbst bei größter Anstrengung nicht in der Lage waren, sich auf eine Richtung zu einigen, geschweige denn, sie gemeinsam zu verfolgen.

Ein dritter Weg der Äußerung von Unternehmenskultur sind die kaum greifbaren Verhaltensweisen und Rituale wie zum Beispiel

Treffen (Darf man dabei essen? Kommen die Mitarbeiter pünktlich oder zu spät? Gibt es eine bestimmte Sitzordnung, wie sieht sie aus?),

Entscheidungsfindung (Wird die Beteiligung aller gefördert, oder wird niemand nach seiner Meinung gefragt? Wird eine Einigung gesucht und erreicht? – Siehe auch Kapitel 3.),

Kommunikation (Gibt es festgelegte Informationskanäle; wenn ja, hält sich jeder daran? Verläßt man sich auf Gerüchte? Verwendet man elektronische Medien der Nachrichtenübermittlung? – Siehe auch Kapitel 6.),

Eßgewohnheiten (Ißt jeder an seinem Arbeitsplatz, oder setzen sich die Kollegen in eine gemeinsame Kantine? Wird das Essen miteinander geteilt?),

Geselligkeit (außerhalb der Arbeitszeit?).

Rechtfertigung

Unterhalb dieser äußeren Ebene folgt die nächste „Schicht" der Kultur. Sie besteht in den Begründungen oder Rechtfertigungen, die die Menschen für die Art und Weise ihrer Zusammenarbeit sehen. Diese Gründe können direkt angegeben werden – etwa als Antwort auf eine betreffende Frage –, sie kommen aber auch in offiziellen Verlautbarungen zum Ausdruck. Man findet sie in Veröffentlichungen wie dem Jahresbericht („Wir beschlossen eine Investition in X, *weil...*"), Werbebroschüren („Unsere Einrichtung ist Y verpflichtet, *weil...*) und Zeitungen ("Wie Ihnen sicher nicht entgangen ist, haben wir Z geändert, *weil...*).

Sie finden sich auch in Geschichten und Legenden, die die Tradition des Unternehmens ausmachen und die an neue Angestellte weitergegeben werden. In bestimmten Situationen (Erfolgen oder Krisen) werden solche überlieferten Verhaltensweisen wiederholt. Ein Beispiel: Die Entwickler einer europäischen Softwarefirma mittlerer Größe gaben als Ursprung ihres familiären, ruhigen und höflichen Umgangs miteinander den Letzten Willen des Firmengründers an. Dieser versammelte – der Legende nach – die sieben ihm direkt unterstellten Mitarbeiter um sein Totenbett und nahm ihnen das Versprechen ab, einander niemals zu bekämpfen.

Grundeinstellung[3]

Der wichtigste Bestandteil der Unternehmenskultur ist die unterste Ebene. Diesen Kern bilden einige wenige Grundüberzeugungen über die fundamentalen Qualitäten, die für die Mitglieder der Einrichtung deren Existenzgrundlage bedeuten. Diese Überzeugungen beeinflussen das Wohl und Wehe des Unternehmensalltags und bilden den Ursprung von Wertvorstellungen, die durch die Mitglieder des Unternehmens selten in Frage gestellt werden (die aber in der zweiten kulturellen Ebene, den *Rechtfertigungen*, oft zum Ausdruck kommen). Die drei kulturellen Ebenen sind miteinander verbunden; der Einfluß ist stets von innen nach außen gerichtet. Die Äußerungen und Rechtfertigungen der Handlungsweise der Einrichtung können nur Hinweise geben; wer die Kultur verstehen will, muß die Grundeinstellung verstehen.

Die Grundeinstellung entwickelt sich mit und aus der Gründungsgeschichte des Unternehmens und enthält häufig die Ansichten und Erfahrungen des/der Firmengründer(s). Geformt wird sie durch frühe Erfolge und Krisen des Unternehmens. Edgar Schein betonte: Wenn die Organisation floriert, dann „wiederholen die Menschen das, was einmal funktioniert hat, und geben Aussichtsloses auf". Aus Fehlern „lernen die Menschen, schmerzliche Situationen zu vermeiden, und richten sich dann nach diesen Erfahrungen".[4]

Die Unternehmenskultur und besonders die Grundeinstellung ist eine Art Leitfaden des Überlebens der Organisation, in dem eine große Macht liegt.[5] Die Menschen lernen, daß ihr „Überleben" buchstäblich davon abhängt, inwieweit sie an bestimmten Überzeugungen festhalten und bestimmte Verhaltensweisen nachvollziehen (ein Beispiel ist die oben erwähnte Höflichkeit). Die Grundeinstellung wirkt wie eine „Brille", durch die die Mitglieder der Einrichtung die „Welt" sehen. Werden die Grundüberzeugungen so ausgelegt, daß sie den Erfordernissen wissenschaftlicher Kreativität nicht entsprechen können, dann hat die „Brille" einen „Abbildungsfehler" (eine

Art Verzerrung des Bildes). Für die Mitglieder einer Einrichtung ist es jedoch nicht leicht, diese Verzerrungen zu finden und zu erfassen. Da das Überleben der Organisation von den Grundüberzeugungen abhängt, sind die Verzerrungen schwer anzugreifen, selbst wenn sie erkannt wurden. Das ist die Ursache für die Unbeweglichkeit der Kultur.

Es gibt mindestens drei Wege, die aus der Unternehmensgeschichte entwickelten Grundeinstellungen von Generation zu Generation der Mitarbeiter weiterzugeben. Erstens: Neulinge versuchen häufig, ihre Kollegen nachzuahmen, und eigenen sich dabei auch deren Auffassungen an. Zweitens: Die gemeinsame Tätigkeit bietet den Kollegen Anknüpfungspunkte, miteinander zu reden und so zu einer gemeinsamen „Weltsicht" (durch die Brille der Grundeinstellung) zu finden. Drittens ist die Vielzahl offizieller und inoffizieller Wege zu nennen, auf denen die Grundeinstellung in Form geeigneter Ausdrucksweisen (der „Sprache" des Unternehmens) und Verhaltensmuster an neue Mitglieder weitergegeben wird; dazu zählen Einstellungsgewohnheiten (oft beschrieben als die Suche nach Leuten, die zur Firma oder zum Institut „passen"), Aus- und Weiterbildung, Tätigkeitsbeschreibungen, Lehrlingsverhältnisse und Betreuungen.

Betrachten wir dazu drei kommentierte Fallbeispiele. Sie sollen Ihnen helfen zu verstehen, wie sich die Grundeinstellung herausbildet und wie sich die Unternehmenskultur auf die Leistungen in F&E auswirken kann.

Die erste Studie betrifft „Jensen A/S".[6]

Erste Fallstudie für Unternehmenskultur: Jensen A/S

Gründungsgeschichte

Ole Jensen Arnoldsson, ein schwedischer Chemiker, siedelte um 1850 nach Dänemark über und ließ sich nördlich von Kopenhagen nieder; diese Gegend war damals noch unbebautes Ackerland. An der Kopenhagener Universität promovierte er in organischer Chemie, heiratete und wurde von einem ortsansässigen Düngemittelfabrikanten als erster Chemiker mit Forschungsaufgaben beschäftigt. Das Ehepaar hatte fünf Kinder, die alle studierten; drei von ihnen (zwei Söhne und eine Tochter) promovierten in Chemie.

Nach dem Abschluß ihrer Dissertation gingen die Söhne Henry und Stig in die Forschungsabteilung der Firma ihres Vaters. Kurz darauf fand Henry eine neue Methode zur Herstellung von Feinchemikalien; im Alter von 34 Jahren entschloß er sich, mit seinem Bruder als Partner eine eigene Firma zu gründen, die sie „Jensen" nannten. Die Produktion begann in einem großen ehemaligen Nebengebäude einer Molkerei in der Nähe.

Jensen hatte Erfolg; um die Jahrhundertwende wurden die Feinchemikalien des Unternehmens bereits in ganz Skandinavien eingesetzt. Als einen der Gründe für diesen Aufschwung sah man Henrys Wahlspruch „Qualität geht vor", der als Markenzeichen der Firma bald auf jedem Briefkopf stand.

35 Jahre lang wurde Jensen von Henry geleitet. Drei seiner sieben Kinder stiegen in das Geschäft ein und übernahmen das Familienunternehmen, als Henry sich zur Ruhe setzte. Voraussehend hatte Henry eine der ersten Forschungsabteilungen der Feinchemikalienindustrie aufgebaut; unter seiner Führung wurde der Absatz erst auf Europa und anschließend auf Asien ausgedehnt. Mehr als von seinem wissenschaftlichen und geschäftlichen Scharfsinn wurde sein Ruf jedoch von der väterlichen Fürsorge geprägt, mit der er seine Angestellten behandelte. Schon bevor Jensen Gewinne abwarf und dies zur Selbstverständlichkeit wurde, erlaubte Henry den Angestellten, sonnabends früher nach Hause zu gehen; im Juli und August wurde die Wochenarbeitszeit auf 35 Stunden gekürzt (bei voller Bezahlung). Wie schon sein Vater engagierte sich Henry im kulturellen und politischen Leben der Gesellschaft, spendete Geld zum Aufbau von Schulen und Krankenhäusern, zur Unterstützung des Sinfonieorchesters und zur Erweiterung des Museums. Fast 20 Jahre lang war er in der Lokalpolitik aktiv.

1935 wurde Henrys mittlerer Sohn Direktor von Jensen; die Führung des Unternehmens blieb in den Händen der Familie, bis Jensen in den fünfziger Jahren an die Börse ging (Jensen A/S). Seit der Firmengründung wurden stets alle Angestellten pünktlich bezahlt, niemals wurde einer entlassen. In einem Abriß der Unternehmensgeschichte aus den siebziger Jahren werden die Jensens hervorgehoben als eine prominente ansässige Familie, die – im Gegensatz zu anderen Unternehmensgründern – nicht ins Ausland zog und die Firma von fern wie ein Grundbesitzer verwaltete.

Bis 1970 hatten die Produkte von Jensen den Ruf hoher Qualität; die Firma war als außerordentlich zuverlässig bekannt. Der Verkauf von Feinchemikalien, das Hauptgeschäft des Unternehmens, brachte bis 1975 fast eine Milliarde Dollar ein. Zu dieser Zeit erschloß die Gesellschaft weltweit neue Märkte und orientierte sich zunehmend auf Produkte für den Endverbraucher (Nahrungsmittel, Duftstoffe, Leder usw.).

Grundeinstellung

Aus dieser Kurzfassung der Gründungsgeschichte lassen sich Anhaltspunkte für mindestens drei Grundüberzeugungen der Unternehmenskultur – (Aus)Bildung, Qualität und familiärer Zusammenhalt – ablesen. Sie können sich, in Abhängigkeit von ihrer Umsetzung, sehr positiv auf jede Einrichtung auswirken. Die Überzeugung von der beruflichen Qualifikation kann die Wertschätzung hervorragend ausgebildeter Wissenschaftler und intellektueller Leistung bedeuten. Die Überzeugung von Qualität kann als Wertschätzung außerordentlicher Leistungen der Firma – betreffend sowohl die Qualität der Produkte als auch die Qualität der wissenschaftlichen Forschung – interpretiert werden. Die Überzeugung von familiärem Zusammenhalt kann sich als Wertschätzung menschlicher Fürsorge für die Angestellten auswirken.

Die genannten Grundüberzeugungen können jedoch auch so ausgelegt werden, daß sie Zusammenarbeit, intellektuelle Herausforderung, offene und ehrliche Kommunikation und Risikobereitschaft (die organisatorischen Voraussetzungen wissenschaftlicher Kreativität) *hemmen*. Bei Jensen äußerte sich die Überzeugung von der Bildung in der Rechtfertigung einer quasi-akademischen Forschungseinrichtung, in der der Bedarf an neuen Produkten – von denen das Wohlergehen der Firma letzten Endes abhängt – gegenüber der „guten Wissenschaft" völlig in den Hintergrund trat. Mit der Überzeugung von der Qualität (Henrys Wahlspruch ist noch immer Bestandteil des Firmenlogos) wurden zeitraubende und risikoarme Entscheidungsprozesse „entschuldigt". Die Überzeugung von familiärem Zusammenhalt und Fürsorge schließlich wirkte sich in der Ansicht aus, daß der Vorgesetzte alles am besten wisse und eine Herausforderung nicht respektvoll wäre; am wichtigsten sei es, nett zu sein (zumindest zu seinem Gegenüber).

Durch die Familiarität blieben Hauptsitz und Forschungsabteilung von Jensen in einer dänischen Kleinstadt; die meisten vergleichbaren Unternehmen sind dagegen in größere europäische Länder und nach Nordamerika ausgewandert. Die auf diese Weise entstandene Isolation erschwerte Jensen die Anwerbung führender Wissenschaftler, die es in der Regel vorziehen, in der Nähe von Universitäten zu arbeiten, von denen die wichtigsten Entdeckungen zu erwarten sind. In der Anfangszeit ging die Unternehmensphilosophie jedoch auf; die Angestellten wiederholten Verhaltensweisen, die einmal funktioniert hatten, noch ein Jahrhundert später, wie die Taiwan-Entscheidung (unten) eindrucksvoll zeigt.

Die Taiwan-Entscheidung

Gegen Ende der dreißiger Jahre eröffnete Jensen ein Verkaufsbüro in Taiwan. Diesem folgte bald eine kleines Forschungslabor, um die Chemikalien, die man verkaufen wollte, vor Ort zu testen. Als die Firma das Potential des asiatischen Marktes erkannte, entsandte sie gegen Mitte der siebziger Jahre einen Chemiker nach Taiwan, der untersuchen sollte, ob sich das kleine Labor zu einer vollwertigen Forschungseinrichtung ausbauen ließe. Der Wissenschaftler stellte fest, daß der Standort nicht für eine Erweiterung geeignet war. Jensens Manager hatten daraufhin zu entscheiden, ob man die Forschungsabteilung an einem anderen Ort in Taiwan aufbauen, die dänische Einrichtung erweitern oder eine Niederlassung in Europa oder den USA gründen sollte.

Unter Leitung des Vizedirektors für Forschung und Entwicklung, Steen Tastrup, reiste 1982 ein Untersuchungsausschuß nach Taiwan. Diese Gruppe fällte die Entscheidung, die neue Forschungseinrichtung in Taiwan zu bauen. Bis 1986 war ein Standort gefunden worden, und die Bauarbeiten begannen.

In einem Gespräch zwischen dem Manager der neuen Niederlassung in Taiwan, Ib Dissing, und Steen Tastrup (1988) wurde der Entschluß wie folgt begründet:

Steen:

Als potentielle Standorte zogen wir auch Deutschland und die USA in Betracht. Für Taiwan entschieden wir uns schließlich, weil Asien einer unserer wichtigsten Märkte ist und wir so eine Möglichkeit sahen, den Bedürfnissen dieses Marktes am besten zu entsprechen.

Ib:

Es gab noch andere als die rein geschäftlichen Aspekte. Die Expansion nach Taiwan konnte neue Wege der Forschung eröffnen, ein anderes Herangehen ermöglichen. Durch den Aufbau eines neuen Netzes wissenschaftlicher Einrichtungen könnten wir eher auf Neuerungen aufmerksam werden, die dem Geschäft nützen.

Für mich gab es zwei Hauptgründe, in Taiwan zu bauen: Einmal wollen wir ein internationales Unternehmen sein, nicht eine dänische Firma mit einer Geschäftsstelle in Taiwan. Zweitens halte ich es für wichtig, daß wir offen sind für die verschiedensten Anregungen und neue Herangehensweisen an unsere Wissenschaft.

Diese Begründungen der Handlungsweise erscheinen logisch, wenn man die wirtschaftlichen Verhältnisse zugrunde legt. Beachten Sie aber, wie lange die Führung von Jensen gebraucht hat, um eine Entscheidung zu fällen: Der erste Bericht wurde von der Direktion bereits in den siebziger Jahren angefordert, der Ausschuß fuhr 1982 nach Taiwan, ein Standort wurde erst 1986 gesucht – fast ein Jahrzehnt später. Vergleicht man mit der Konkurrenz, hat sich Jensen erst sehr spät für eine globale Strategie entschieden, wie Steen und Ib durchblicken lassen:

Steen:

Vor mehr als 10 Jahren dachten wir darüber nach, in Deutschland eine Forschungsabteilung aufzubauen. (Dies wurde jedoch damals nicht in die Praxis umgesetzt.) Wir haben also schon eine gewisse Erfahrung darin, dem Druck von außen zu begegnen. Aber das sollte nicht mit den strategischen Überlegungen verwechselt werden, die zur Expansion nach Taiwan geführt haben.

Ib:

Damals waren wir entschlossen, uns bei der Internationalisierung unseres Industriezweiges an die vorderste Linie zu stellen. Wir wollten risikofreudiger werden.

An die Bemerkung zur Risikobereitschaft anknüpfend, sagte Ib, er habe sich als Befürworter eines „Kulturschocks" innerhalb des Unternehmens gesehen:

Ib:

Bis zu einem gewissen Grade habe ich es übernommen, der Firma einen heilsamen Kulturschock zu versetzen. Zu Steen hatte ich schon immer gesagt, daß wir etwas derartiges brauchen; ich habe auch nie mit meiner Ansicht über die effiziente Größe einer Forschungseinrichtung hinterm Berg gehalten. Ich finde, daß mit dem Unternehmen die Bürokratie wächst: Von jedem Bericht braucht man eine Menge Exemplare, Entscheidungen dauern länger, die Kreativität leidet darunter.

Nun ja, das Nachlassen der Kreativität ist vielleicht nicht so sehr eine Folge der Größe, sondern vielmehr der Unternehmenskultur. Ich meine, die obersten Ebenen unseres Managements haben sich immer weiter vom Tagesgeschäft entfernt; die Wissenschaftler werden gedrängt, formale Vorschläge für neue wissenschaftliche Erfolge zu unterbreiten.

Ich würde sagen – und Steen stimmt mir da zu –, daß der Kulturschock im Zusammenhang mit der Expansion nach Taiwan zu diesem kritischen Zeitpunkt wichtig für uns ist. Gehen wir nach Deutschland oder den USA, dann vollziehen wir damit nur einen Schritt nach, den jedes andere Unternehmen der Feinchemikalienindustrie bereits getan hat. Jensen war stets sehr konservativ. Wir warten gern ab, wie andere mit einer neuen Situation zurechtkommen, bevor wir nachziehen.

Steen versuchte zu erklären, auf welchem Wege die Taiwan-Entscheidung zustande kam. Dabei läßt er viel darüber erkennen, in welcher Weise die Unternehmensphilosophie hier ausgelegt wurde:

Steen:

Wir haben oft darüber gesprochen, wie die Firma unserer Meinung nach aussehen sollte und wie groß eine Forschungseinrichtung sein kann, damit man sie unter Kontrolle behält. Jahr um Jahr wurden Ideen in unserer eigenen Forschungsabteilung ausprobiert und in Foren mit den Management der Gesellschaft diskutiert. Nach einer Weile waren einem Ideen völlig vertraut, die einem anfänglich so erschreckend und ungewöhnlich vorgekommen waren, etwa so, wie man sich an ausgetretene Schuhe gewöhnt hat. Am besten kann ich diesen Prozeß wirklich mit dem Einlaufen neuer Schuhe vergleichen... Früher oder später kommt jedem eine

Entscheidung ganz selbstverständlich vor.

Das macht die eigentliche strategische Planung aus. Man muß die Leute einbeziehen und Szenarien entwickeln, die für Überraschungen keinen Raum lassen. Jeder soll glauben, daß die Entscheidung eigentlich seine Idee war; jedem sollten alle Einzelheiten vertraut sein. In den letzten Jahren haben alle Angestellten von Jensen die geplante Ausdehnung nach Taiwan viele, viele Male diskutiert.

Es ist wichtig, daß Sie sich folgendes vor Augen führen: In ein und demselben Gespräch war die Rede vom „Kulturschock" einer Aktion *und* von „ausgetretenen Schuhen", einem Prozeß der Entscheidungsfindung, der keine Überraschungen kennt. Steen und Ib fiel dieser Widerspruch nicht auf: Sie sahen die Welt durch die Brille ihrer Unternehmensphilosophie.

Ein ähnlicher Widerspruch zwischen ihren Absichten (der Rechtfertigung) und ihren wirklichen Aktionen kam in der Diskussion über das Verhältnis zwischen dem dänischen Hauptsitz und der taiwanesischen Niederlassung zum Ausdruck. Achten Sie im folgenden Dialog auf die Auswirkung (die „Brille") des Glaubens an die Familiarität.

Zunächst stellte Ib fest, daß die beiden Einrichtungen voneinander unabhängig sein sollten; nur auf diese Weise können neue Anregungen eingebracht werden, können sich „unterschiedliche Ansichten über unsere Wissenschaft" entwickeln:

Ib:

Uns war klar, daß wir in Taiwan nicht einfach einen Ableger unseres Hauptlabors aufbauen können, wenn wir die Chance auf unterschiedliche Ansätze und Herangehensweisen nutzen wollen. Diese haben wir dringend nötig! Jetzt werden Dänemark und Taiwan als Gleichberechtigte betrachtet, die einander kritisch beurteilen können – je nach der Fachkenntnis der jeweiligen Wissenschaftler.

Anschließend machte Steen deutlich, daß diese Unabhängigkeit der taiwanesischen Einrichtung – und damit die notwendige intellektuelle Herausforderung für Jensen – nicht so einfach zu erreichen ist. Er drückte das mit Hilfe der Eltern-Kind-Beziehung aus:

Steen:

Dänemark ist die Heimat, das „Elternhaus"; die Einrichtung in Taiwan wird von allen Tochterunternehmen in Anspruch genommen. Aber Taiwan ist die einzige unter den Töchtern, die den gesamten Weltmarkt bedient.

Auch andere Angestellte der Forschungsabteilung von Jensen weisen auf die Probleme des Unternehmens hin. Sie stellten fest, daß es zu „rückläufigen Wertpapiererträgen" in Dänemark kam – es würde „mehr Geld in F&E investiert bei sinkenden Erträgen". Sie gaben auch zu, daß es eine sehr ungewöhnliche Strategie der Firma war, sich bisher auf Dänemark zu beschränken. Ein Chemiker bemerkte:

> Für mich ist die strategische Frage: Wie verwandeln wir eine dänische Kleinstadtfirma in ein Unternehmen mit wirklich weltweiter Zukunft?

Auch diese Angestellte war überzeugt, daß die Niederlassung in Taiwan nicht unabhängig bleiben würde:

> Das ist eine echte Herausforderung für unser Unternehmen: Verdoppeln wir die dänische Einrichtung, oder bauen wir etwas völlig anderes auf? Wir sollten sehr darauf achten, nicht die Auffassung zu kultivieren, daß das Labor in Taiwan einfach eine Erweiterung von unserem Labor hier darstellt. Wir müssen aufpassen, daß unsere F&E-Leute die Wissenschaftler in Taiwan nicht zu sehr unter Kontrolle haben.

Ein Manager äußerte sich in einer Weise, die eine Menge darüber verrät, wie die „Familiarität" im Unternehmen in der Praxis aussieht:

> Jensen integriert dich in die Familie und vereinnahmt dich völlig. Es ist ein nettes Unternehmen, für das man gern arbeitet. Manchmal frage ich mich aber, ob man nicht clever *und* nett zugleich sein kann.

In der folgenden Woche reiste Ib Dissing nach Taiwan ab. Einige Zeit später (1991) erinnert er sich:

Ib:

> In den oberen Managementetagen in Dänemark war man sehr vorsichtig damit, Wissenschaftler nach Taiwan kommen zu lassen; auch die offene und freie Diskussion zwischen beiden Gruppen wurde nicht so gern gesehen. Ich habe mir viel Mühe gegeben, um das zu ändern. *Entscheidungen* müssen auf dem richtigen Weg getroffen werden, aber die *Diskussion* darf nicht auf den Dienstweg beschränkt bleiben.

Jensen heute

Jensen war in der Industrie als solide („zuverlässige") Gesellschaft bekannt, die angestellten Wissenschaftler waren für ihre gutklassige Arbeit geschätzt. Zu Beginn der achtziger Jahre begannen sich Beobachter jedoch zu fragen, ob das Unternehmen rentabel bleiben kann, wenn keine neuen Produkte entwickelt werden. Jensen hatte damals zwei oder drei erfolgreiche Produktlinien; sowohl die Verfahren als auch die Produkttechnologien waren allerdings nicht mehr entwicklungsfähig, so daß sich die Kunden auf neuere Erzeugnisse von Konkurrenzfirmen orientierten.

Bei Jensen wurde die wissenschaftliche Kreativität durch die Unternehmensphilosophie gehemmt. Die Arbeit an neuen Produkten schlief ein, weil Zusammenarbeit, intellektuelle Herausforderung, offene und ehrliche Kommunikation und Risikobereitschaft nicht gefördert wurden – weder im Management noch in der Forschung. Daß Zusammenarbeit nicht gefragt war, hat Ib zu verstehen gegeben: Das Management verhielt sich zurückhaltend oder sogar ablehnend, wenn dänische Wissenschaftler die taiwanesische Niederlassung besuchen wollten. Herausforderung wurde nicht als „liebenswürdig" empfunden. Die Kommunikation fand auf strengen Dienstwegen statt, und eine offen negative Äußerung gegenüber der Firma wurde als mangelnde Loyalität bewertet. In organisatorischen Prozessen und wissenschaftlichen Entscheidungen wurden niemals Risiken in Kauf genommen (Entscheidungen als „ausgetretene Schuhe"). Dies kommentierte ein schweizerischer Universitätsprofessor, der mit der Forschungsabteilung von Jensen zusammenarbeiten wollte, in folgenden Worten:

Ich denke, sie haben dort äußerst sorgfältige, sehr gute Wissenschaftler, erstklassige Qualität, nirgends Schlamperei. Qualitätskontrolle wird großgeschrieben. Aber sie kommen in Forschung und Entwicklung extrem langsam voran. Die Unternehmensphilosophie ist eigenartig. Im Sommer werden die Labors früher geschlossen. Der Firmensitz befindet sich auf dem Lande... das hemmt sie noch mehr. Sie werden *niemals* vorwärtskommen.

Heutzutage ist Jensen ein Wunschkandidat für die Akquisition durch rentablere Firmen. Durch eine nicht ungewöhnliche Taktik wurden Steen und Ib von ihren Posten als Manager abgelöst; aber ihre Nachfolger verließen die Firma ebenfalls nach kurzer Zeit. Ein anderes Familienmitglied leitet die Firma jetzt, und im Geschäftsbericht gibt man sich überzeugt, daß das Unternehmen unabhängig bleiben kann. In der Industrie hört man von Wissenschaftlern, die sich um die Kreativität ihrer eigenen Forschung Sorgen machen, jedoch immer wieder: „Wir wollen bloß nicht so werden wie Jensen."

Zwei weitere Fallstudien

Nicht in jedem Unternehmen hat das Management so wenig erkannt wie bei Jensen, daß Kultur die wissenschaftliche Kreativität hemmen kann. So bemühten sich die

Manager der Britischen Telekommunikationsgesellschaft „Heuris-Dahl" mit Unterstützung einer Unternehmensberatung um eine rigorose Bewertung ihrer Kultur. Daraus zogen sie einige vernünftige Schlüsse.

Heuris-Dahl

1990 fand bei Heuris-Dahl eine Tiefenprüfung des Unternehmens und seiner Stellung in der Industrie statt. Der Vorsitzende des Aufsichtsrates gab danach den Angestellten bekannt, daß das Unternehmen besondere Anstrengungen unternehmen muß, um im 21. Jahrhundert überleben zu können. Das betraf insbesondere:

- rasche Fortschritte in Forschung und Entwicklung,
- flexible und kostengünstige organisatorische Abläufe,
- Übergang zu strategischer Planung,
- radikale Erneuerung des Produktspektrums.

Diese Forderungen reflektierten natürlich die damaligen Probleme des Unternehmens: langsame Forschungs- und Entwicklungsprozesse, starre und ineffektive Abläufe, kurzsichtige Planung und ein Mangel an Neuentwicklungen.

Als Hauptursache dieser Probleme stellte man die Unternehmenskultur fest. Ein führender Manager erinnert sich:

> Wir fanden folgendes heraus: Unsere Wertvorstellungen orientierten sich sehr an der Qualität, weniger an den Bedürfnissen der Kunden, Rentabilität und effektivem Einsatz der Mittel. Jetzt versuchen wir, die Qualität zu halten, aber die anderen Elemente mit einzubringen.

Der Leiter der internationalen Forschung und Entwicklung, seit 1991 bei Heuris-Dahl, beschreibt seine Beobachtungen in der Forschungsabteilung (vergleichen Sie mit der Situation bei Jensen):

> Bei Heuris-Dahl herrschte eine akademische Ideologie, eine universitäre Kultur. Die Leute in F&E konzentrierten sich darauf, erstklassige Wissenschaft zu betreiben; Kosten oder kommerzielle Anwendungen interessierten sie nicht.
> Die Wissenschaftler bezeichneten ihre Firma gern als „Paradies". Sie hatten wunderbare Möglichkeiten und Ausrüstungen und genug finanzielle Mittel; damit konnten sie quasi machen, was sie wollten. Sie hatten alles, was sie brauchten, und arbeiteten vollkommen ohne Druck. Es war phantastisch.

Heuris-Dahl hat – als eine Folge ihrer Gründungsgeschichte – eine sehr starke und sehr unabhängige Niederlassung in den USA. Das komplizierte die Situation; der Leiter der internationalen Forschung bemerkt dazu:

> Die Abteilung in den USA fühlte sich in Unternehmensbelangen sehr mächtig; wir hatten sie zu lange alleingelassen. Die Beziehungen zwischen den Unternehmensbereichen in Großbritannien und den USA wurden zusehends angespannt; die Bereiche waren fast so unabhängig voneinander wie zwei verschiedene Firmen.

Eine der Glaubensgrundsätze von Heuris-Dahl war die *Autonomie*; dies ist auf die Gründungsgeschichte und insbesondere auf den ersten Direktor zurückzuführen, der – ähnlich wie Henry Jensen – über 30 Jahre lang im Amt war. Von Beruf promovierter Metallurge, hatte er – so wird berichtet – die britische Gesellschaft mit starker Hand organisiert. Sogar den Bau des Hauptsitzes und der Produktionsstätten in einem einheitlichen architektonischen Stil überwachte er selbst.

Bei Ausbruch des zweiten Weltkrieges verlegte er Firmenleitung und oberes Management in die USA und baute hier eine zweite Ausgabe der britischen Gesellschaft auf. Die Leiter der Tochtergesellschaften, die im Ausland gegründet wurden, wählte er selbst aus; er gab ihnen jedoch freie Hand für eigene geschäftliche Entscheidungen. Dieser Glaube an die Autonomie wurde über die Jahre hinweg so ausgelegt, daß nicht nur die Geschäftsbereiche, sondern auch einzelnen Funktionen auf Distanz zueinander und zum Management der Gesellschaft gehalten wurden. So überrascht es nicht, daß die amerikanische Niederlassung – gegründet und geführt vom britischen Direktor während des Krieges – wie eine „eigenständige Firma" handelte. Noch 1992 hatte der Präsident von Heuris-Dahl mehr als 40 Hauptmanager, die ihm direkt unterstellt waren.

Die beiden Forschungsabteilungen genossen völlige Autonomie; sie waren wenig am Markt orientiert. Sie waren so unabhängig, daß ein zentraler Forschungsbereich – halb so groß wie die britische Einrichtung und am selben Standort – extra aufgebaut wurde, um neue Technologien zu untersuchen, die die ursprüngliche Gruppe nicht weiter verfolgen wollte. So entstanden neben der amerikanischen Forschungsabteilung eine zweite eigenständige Abteilung in Großbritannien. Ihre Isolation – vom Markt und voneinander – führte zur Herausbildung einer „akademischen Ideologie". Die Autonomie verhinderte eine wirksame Kommunikation zwischen den einzelnen Bereichen.

Nach der kritischen Bewertung ihrer Unternehmenskultur versuchten die Angestellten von Heuris-Dahl, ihre Glaubensgrundsätze zu überdenken, um sie besser mit den Umgebungsverhältnissen und der Förderung wissenschaftlicher Kreativität in Einklang zu bringen. Der Autonomiegedanke spielte dabei eine zentrale Rolle. Hören wir dazu wieder den Leiter der internationalen F&E:

> Ich mußte eine Menge meiner persönlichen Zeit opfern, um an meinem eigenen Beispiel zu zeigen, daß der Erfolg der Gesellschaft davon abhängt, die Forschung

vom wissenschaftlichen *und* geschäftlichen Standpunkt aus zu bewerten. Ich bemühe mich auch um Zusammenarbeit mit der amerikanischen Niederlassung, wie es in einem internationalen Unternehmen üblich sein sollte; wir legen unser Forschungsprogramm jetzt gemeinsam fest. Wir betrachten uns gegenseitig auch kritischer; ich denke, das ist recht heilsam.

Im Gegensatz zu Jensen A/S konnte Heuris-Dahl seine Position in der internationalen Industrie verbessern (1985: Rang 17, 1994: Rang 9). Durch mehrere größere Akquisitionen steigerte die Gesellschaft ihre Wettbewerbsfähigkeit. Besonders wird jetzt darauf geachtet, der Neigung entgegenzuwirken, daß diese Akquisitionen sich der Kontrolle des Managements der Gesellschaft entziehen.

Das Kardiologische Institut

Als letztes Fallbeispiel für Unternehmenskultur betrachten wir ein universitäres Forschungsinstitut. Das Kardiologische Institut wurde in den späten siebziger Jahren von einem bekannten medizinischen Forscher, Herman Broadbent, gegründet, dem eine wichtige Entdeckung auf dem Gebiet der genetischen Ursachen von Herzkrankheiten gelungen war.

Broadbent studierte an der Universität, zu dem das Institut gehörte. Er lehnte es rundweg ab, Wissenschaftler aus anderen Universitäten anzuwerben. Außerdem erarbeitete er ein konkretes Forschungsprogramm und duldete in diesen Belangen keinen Widerspruch. Um 1986, in der Zeit des raschen Aufschwungs der Molekularbiologie, wurde auch an anderen Universitäten hochklassige Forschungsarbeit geleistet, und das Kardiologische Institut begann in das Mittelfeld abzufallen. 1990 ging Broadbent in den Ruhestand; die Qualität der Forschung in „seinem" Institut wurde zu dieser Zeit als ausreichend, aber nicht außerordentlich eingeschätzt.

Um diese Situation zu ändern, wurde Olivia Ben-David eingestellt. Sie kam von einer anderen Universität und beschrieb, was sie vorfand:

> Herman war sehr formell. Ihm war die Ordnung der Arbeitsabläufe wichtiger als die Kreativität des einzelnen. Als er in den Ruhestand ging, war das Institut sehr starr: Ein menschliches Gepräge gab es fast nicht mehr, die Wissenschaftler wurden gedrängt, schnell Resultate und Erfolge zu bringen.

Olivia ging das Problem auf sehr einfache, unkomplizierte Weise an. Sie stellte viele neue Mitarbeiter ein und ermutigte die Wissenschaftler, miteinander in Kontakt zu treten. Dazu führte sie zwei Hilfsmittel ein: Meetings und Parties. Einer der neuen Postdoktoranden bemerkte:

In unserem Labor werden Zusammenarbeit und Gleichberechtigung großgeschrieben. Am Freitag nachmittag gibt es eine große Pause; der Laborleiter bringt Bier und Würstchen mit, und wir feiern eine kleine Party. Für die Leute hier scheint es typisch zu sein, daß so viel Wert auf Gemeinsamkeit gelegt wird.

Auch zwischen den einzelnen Labors und den Abteilungen gibt es einen regen Informationsaustausch. Monatlich veranstalten wir eine Abteilungsfete, wöchentlich werten wir gemeinsam Fachliteratur aus. Und mit den Leuten aus den anderen Labors muß ich mich einfach gut verstehen – ich bin doch auf ihre Ausrüstung angewiesen!

Das Institut zog mich an, weil es zunehmend für sein innovatives Potential bekannt ist. Olivia ermutigt jeden, der hier arbeitet, auch die letzte Idee auszuprobieren – egal, wie groß das Risiko ist, daß etwas schiefgeht. Ich meine, daß risikofreudigere Menschen auch die kreativeren sind.

Diese drei Studien – über Jensen, Heuris-Dahl und das Kardiologische Institut – sollen kein umfassendes Bild der Unternehmenskultur bieten. Sie sollen Ihnen lediglich einige Anhaltspunkte geben, die Ihnen helfen, über Ihre eigene Einrichtung nachzudenken. Entdecken Sie Gemeinsamkeiten zwischen Ihrem und einem der beschriebenen Unternehmen? Überdenken Sie die Gründungsgeschichte Ihrer Organisation. An welcher Stelle könnte es Probleme bei der Interpretation der Unternehmensphilosophie gegeben haben oder noch geben? Arbeiten bei Ihnen fähige Wissenschaftler, deren Kreativität nicht Ihren Erwartungen entspricht und die mit sich selbst nicht zufrieden sind?

Im nächsten Abschnitt wird erklärt, warum und in welcher Weise die Unternehmenskultur die Entwicklung einer innovationfähigen Wissenschaft und Technik verhindern kann.

Wann und warum versagt die Unternehmenskultur?

Eines sollten Sie unbedingt verstehen, und es ist nicht ohne Ironie: Das, was die drei beschriebenen Forschungseinrichtungen verbindet, ist der *Erfolg*.

Der anfängliche Erfolg von Jensen unter Henrys Führung gründete sich auf eine Unternehmensphilosophie, deren Kerngedanken die Ausbildung (quasi-akademische Forschung), die Qualität (zeitraubende und risikovermeidende Entscheidungsfindung) und die Familiarität (Unterdrückung jeder Herausforderung) waren. Heuris-Dahl florierte unter der Führung des ersten Direktors, dessen Glaubensgrundsatz die Autonomie (distanzierte organisatorische Beziehungen) war; das Kardiologische Institut hatte Erfolg unter Broadbent, der Ordnung (unflexible Herangehensweisen) in den Mittelpunkt stellte.

Wie bereits früher in diesem Kapitel bemerkt wurde, lernen die Menschen, daß der

Erfolg von bestimmten Wertvorstellungen und Verhaltensmustern (dem „Leitfaden des Überlebens") abhängt. Sie neigen dazu, Abläufe zu wiederholen, die einmal funktioniert haben (Edgar Schein). In keinem der vorgestellten Unternehmen wurde jedoch Wert auf das *Lernen* gelegt: Niemand legte Wert darauf, mit neuen Arbeits- oder Denkansätzen zu experimentieren, niemand legte Wert darauf, die eigenen Hypothesen kritisch zu überprüfen, niemand suchte ein Feedback. Die Welt drehte sich weiter, aber die Mitglieder der Einrichtung sahen sie immer noch durch die Brille ihrer Unternehmensphilosophie, die ihren anfänglichen Erfolg unterstützt hatte. Sie verhielten sich weiterhin, wie sie es gewohnt waren.

Alle drei Organisationen stellten nur solche Mitarbeiter ein, die in das jeweilige System von Überzeugungen paßten. In den Vorstellungsgesprächen wurden Bewerber aussortiert, die – verglichen mit dem gewünschten Typ – als zu exzentrisch erschienen. Wurde trotzdem einmal ein fachkundiger „Sonderling" eingestellt, dann verließ er die Firma bald wieder oder gab zumindest den Wunsch auf, die Probleme zu beseitigen, die er in der Forschungsarbeit sah. Sogar in der taiwanesischen Niederlassung von Jensen ist es Ib Dissing gelungen, Mitarbeiter zu finden, die in das dänische „Muster" paßten; auf diese Weise war er niemals in der Lage, der Firma einen „Kulturschock" zu bringen.

In vielen Einrichtungen folgt auf anfängliche Erfolge eine Einstellungspraxis, die die Homogenisierung der Mitarbeiter begünstigt; die Wissenschaftler beschäftigen sich nur noch miteinander, geben bei Herausforderungen zu schnell auf, falls sie überhaupt wünschen, von „Sonderlingen" herausgefordert zu werden. Sie sind sich der äußeren Bewegungen und deren Einfluß auf ihr Institut nur teilweise bewußt; sie sind immer weniger bereit, Risiken einzugehen, während sie gleichzeitig einander selbstzufrieden versichern, daß sie sich mit höchst unsicherer Forschung (neuen Wegen) beschäftigen.

In allen drei Organisationen waren die Grundbedingungen für Kreativität in Wissenschaft und Technik nicht erfüllt, oder sie bestanden nur aus Lippenbekenntnissen. Es gab wenig oder keine interdisziplinäre Zusammenarbeit über fachliche Grenzen hinweg; wenig oder keine intellektuelle Herausforderung von denen, die mit Sicherheit grundlegend andere Ansätze hätten einbringen können; wenig oder keine offene und ehrliche Kommunikation, was oft mit der Wahrung eines höflichen Umgangstones entschuldigt wurde, und keine echte Risikobereitschaft, was oft mit der Forderung nach Qualität bemäntelt wurde.

In allen drei Fällen entstand nur aus der Krise die Chance einer radikalen Selbsteinschätzung (von Jensen wurde sie bis heute nicht ergriffen). Die Warnsignale, auch seitens der Kunden, waren jedoch schon vor der Krise offensichtlich: zu wenig innovative Produkte aus F&E, Produkte konnten nicht rechtzeitig und kostengünstig auf den Markt gebracht werden, zunehmende Unfähigkeit, die besten Leute anzuwerben, der Ruf, „ausreichend", nicht „außerordentlich gut" zu arbeiten.

Der Fehler liegt natürlich nicht in der Kultur selbst. Er liegt darin, wie die Menschen die ursprünglichen Wertvorstellungen und Glaubensgrundsätze umsetzen – auf eine Weise, die kreative Forschungstätigkeit hemmt –, und darin, daß sie diesen Fehler nicht erkennen.

Wenn Sie Probleme mit der Leistungsfähigkeit Ihrer F&E-Einrichtung haben, die nicht in den Fähigkeiten oder der Motivation Ihrer Wissenschaftler begründet sind, dann sollten Sie die Unternehmensphilosophie Ihrer Einrichtung analysieren. Nehmen Sie Vergangenheit und Gegenwart unter die Lupe; finden Sie Glaubensgrundsätze, die sich negativ auf die Kreativität auswirken könnten? Wie Sie versuchen können, Wertvorstellungen und Verhaltensweisen zu *ändern*, erfahren Sie in Kapitel 9.

Zusammenfassung

Wenn die Unternehmenskultur „funktioniert", dann arbeiten die Menschen gut zusammen, da sie durch die geltenden Normen ermutigt werden, sich überall an jeden zu wenden. Die Grundsätze der Einrichtung begünstigen die intellektuelle Herausforderung, die engagierte Stellungnahme und das Streitgespräch zu Prinzipien und Verfahren sind stets erwünscht. Die Kommunikation ist offen; alles, auch Kritik, wird unumwunden ausgesprochen.

Eine Atmosphäre der Austauschs und des Fragens, der Herausforderung und der Unvoreingenommenheit führt definitiv zu einer Zunahme der Risikobereitschaft. Wie der Postdoc des Kardiologischen Instituts treffend bemerkte, sind risikofreudigere Menschen in der Regel die kreativeren. Eine solche Atmosphäre fördert die Innovation in Wissenschaft und Technik.

Ob man dieses Ideal erreicht, hängt nicht davon ab, ob es sich um eine akademische oder öffentliche Einrichtung oder um ein privates Unternehmen handelt. Auch die Größe des Instituts hat wenig Einfluß. Denken Sie an die Bemerkung von Ib Dissing, daß der Rückgang der Kreativität bei Jensen „nicht so sehr eine Folge der Größe, als vielmehr der Kultur" war. (Das folgende Kapitel wird jedoch zeigen, daß auch Größe, Aufbau und organisatorische Abläufe in einer Beziehung zu den Grundbedingungen für die Kreativität stehen.)

Zu den Aufgaben einer Führungspersönlichkeit in Forschung und Entwicklung gehört es, einzuschätzen, ob die Unternehmensphilosophie eine kreative Forschungsarbeit begünstigt. Wenn nicht, muß der Wandel der Kultur damit beginnen, die Konflikte zwischen den Wertvorstellungen im Unternehmen und den geforderten Grundbedingungen der Kreativität aufzudecken. Solange nicht alle Mitarbeiter den Widerspruch zwischen ihren Absichten und ihrem tatsächlichen Handeln erkannt haben, wie er am Beispiel von Jensen demonstriert wurde, gibt es keine Chance für eine wirkliche Verbesserung der Innovationsfähigkeit.

Anmerkungen

1. Siehe zum Beispiel Gerald Holtons Vorwort zu *The Twentieth Century Sciences*, G. Holton (Hrsg.), W. W. Norton, New York, 1970. Dieser Abschnitt stützt sich auch auf *Theories of Creativity*, M. A. Runco und R. S. Albert (Hrsg.), Sage, Newbury Park, California, 1990. Das letztere Werk enthält Arbeiten mehrerer Autoren, die das organisatorische Umfeld beschreiben, das Kreativität begünstigt.
2. Das „Schichtenmodell" der Kultur stammt von Edgar Schein und ist nachzulesen in seinem Werk *Organizational Culture and Leadership*, Jossey-Bass, San Francisco, 1985.
3. Entnommen aus: A. Sapienza, „Believing is Seeing", in *Gaining Control of the Organizational Culture*, R. H. Kilman, M. J. Saxton, R. Serpa und Mitarbeiter (Hrsg.), Jossey-Bass, San Francisco, 1985
4. „How Culture Forms, Develops, and Changes"; E. Schein, in *Gaining Control of the Organizational Culture*, R. H. Kilman, M. J. Saxton, R. Serpa und Mitarbeiter (Hrsg.), Jossey-Bass, San Francisco, 1985
5. Die Autorin bedankt sich für den persönlichen Briefwechsel mit Dr. Ivan Jensen, der zahlreiche Einblicke in die Unternehmenskultur ermöglichte.
6. „Jensen A/S" ist ein künstliches Gebilde, das als Beispiel für viele andere Unternehmen gedacht ist.

5 Kreativität: Der Einfluß von Aufbau, Größe und formalen Abläufen

Dieses Kapitel setzt die Untersuchung des dritten Bereichs des Venn-Diagramms, des *organisatorischen Aufbaus*, fort. Das vorangegangene Kapitel war der Unternehmenskultur gewidmet; dort wurde festgestellt, daß eine „motivierte" Forschungsgruppe eine notwendige, jedoch keine hinreichende Bedingung für Kreativität ist. Zusätzlich müssen sowohl die menschlichen (kulturellen) als auch die technischen Aspekte der Forschungseinrichtung eine umfassende Zusammenarbeit, intellektuelle Herausforderung, offene und ehrliche Kommunikation und Risikobereitschaft fördern – dies sind die Voraussetzungen für innovative Wissenschaft und Technik.

Die technischen Aspekte einer Forschungseinrichtung umfassen den Aufbau und die Größe des Unternehmens sowie formale Abläufe wie die Einstellungspraxis, die Art und Weise der Entscheidungsfindung und -prüfung und den Aufbau der Informationskanäle. Durch ihren erheblichen Einfluß auf die Kreativität sind dies die wichtigsten technischen Aspekte, die Sie ständig überwachen sollten.

Später wenden wir uns den praktischen Fragen zu und diskutieren, welches die richtige Struktur und die richtige Größe ist und wie man formale Abläufe gestalten sollte. Zunächst wollen wir aber untersuchen, was Kreativität ist: Wann ist ein Wissenschaftler kreativ, und was kann man tun, damit er kreativ *bleibt*? Wie kann man die Kreativität innerhalb einer Einrichtung verbessern? Dieser Abschnitt gründet sich auf Ergebnisse von Untersuchungen zum Einfluß sozialer (organisatorischer) Faktoren auf die Kreativität.

Kreativität

Wann ist ein Wissenschaftler kreativ?

Alle kreativen Menschen scheinen einige Eigenschaften gemeinsam zu haben: Sie können mit mehrdeutigen Situationen umgehen und sind neugierig; sie erkennen Zusammenhänge voneinander unabhängig scheinender Details; sie sind selbstbewußt und ausdauernd.¹ Betrachten wir Shelly als ein Beispiel. Zu Beginn ihrer Laufbahn konzentrierte sie sich auf ein Phänomen, das – in ihren Worten – „es eigentlich gar nicht geben durfte – es war einfach nicht im Wortschatz des Fachgebietes enthalten". Sie fand jedoch keinen Widerspruch darin, sich außerhalb der akzeptierten Konventionen zu bewegen, und war unheimlich neugierig zu erfahren, mit welcher Ursache sich der von ihr beobachtete Effekt in Verbindung bringen ließe. Sie „umschlich das Phänomen" und schaffte es sogar, einen ihrer Kollegen mit ihrer Neugier anzustecken, der sich dann mit derselben Erscheinung beschäftigte. Diese Zusammenarbeit führte zu dem entscheidenden Experiment, das Shellys erste bahnbrechende Entdeckung begründete.

Abgesehen von ihrer Neugier war Shelly in der Lage, Zusammenhänge zu erkennen, die anderen entgangen waren. Sie sagte über sich:

Ich stelle die Dinge gern auf den Kopf, um zu sehen, ob sie symmetrisch sind. Symmetrie und Asymmetrie von Modellen und Theorien sind mir sehr wichtig. Ich überlegen, welche Folgen es wohl hätte, wenn genau das *Gegenteil* unserer Vermutungen richtig wäre.

Shellys Neigung dazu, die „Dinge auf den Kopf zu stellen", spiegelt einige Jahre alte Erkenntnisse von Gerald Holton wieder, einem akademischen Physiker und scharfsinnigen Beobachter von Wissenschaft und Wissenschaftlern. Er stellte fest, daß kreative Forscher einen Zusammenhang „mit Hilfe eines besonderen Wahrnehmungsvermögens" durchdringen können.[2] Kreative Wissenschaftler beschrieb er als „empfindlich auf bis dahin unbemerkte formale Asymmetrien oder Mißverhältnisse vorwiegend ästhetischer Natur".[3]

Führen Sie sich abschließend vor Augen, wie selbstbewußt und ausdauernd Shelly vorging. Ihre Arbeit in der kleinen Firma beschrieb sie mit folgenden Worten:

Ich kann mich an überhaupt keine Entscheidung – in der einen oder anderen Richtung – erinnern. Ich habe einfach weitergearbeitet. ... Solange nur unsere Gehälter ausgezahlt wurden und ich Mitarbeiter und Ausrüstung bekam, setzte ich meine Experimente fort.

Wenn Sie für Ihre Forschungseinrichtung auf der Suche nach kreativen Mitarbeitern sind, dann sollten Sie auf die hier beschriebenen Eigenschaften ebenso viel Wert legen wie auf fachliche Kenntnisse und Fähigkeiten.

Wie *bleibt* ein Wissenschaftler kreativ?

Die Persönlichkeitsmerkmale, die einen Menschen kreativ machen – Neugier, Schwung, Selbstbewußtsein und Ausdauer – komplizieren auf der anderen Seite den Umgang mit ihm. Erinnern Sie sich, wie Geoff einen bestimmten Typ seiner Mitarbeiter beschrieb, zu denen er auch Shelly zählte: Wenn sie sein Büro betraten, wurden sie „grob – sagten unverblümt, was ich getan oder unterlassen hatte, und stellten ihre Forderungen". Ein anderer erfahrener F&E-Manager drückte es so aus: Kreative Forscher sind oft „logisch, kritisch, eigenwillig, voller Vorurteile und gehen mit Dümmeren nicht gerade freundlich um".[4]

Beim Umgang mit kreativen Persönlichkeiten muß man die Grenzen dessen, was man akzeptiert, neu festlegen. Stefan bemerkte dazu in Kapitel 3:

> In meinem Institut gibt es Wissenschaftler, die sehr exzentrisch sind, aber trotzdem außergewöhnliche Forschungsleistungen bringen. Manchmal werde ich gefragt, wie lange ich mitspiele, wenn es mit diesen Leuten Ärger gibt. Ehrlich gesagt habe ich in solchen Situationen einen sehr langen Atem. In erster Linie versuche ich, Ärger von diesen Menschen fernzuhalten. Aber ich verstehe sie und bin mir vor allem darüber im klaren, daß mein Institut ohne solche Mitarbeiter sehr mittelmäßig wäre.

Genauere Hinweise, wie sich wissenschaftliche Kreativität erhalten läßt, liefert die Forschung auf diesem Gebiet. Man erhielt zum Beispiel bemerkenswert übereinstimmende Antworten auf die Frage, was die Kreativität hemmt.[5] Kreative Leute arbeiten, weil sie ihre Arbeit interessant und befriedigend finden und Spaß daran haben. Eine Folge ist, daß sie auf äußere „Motivationen" wie Druck seitens des Managements, Projektbewertungen oder Wettstreit um Preise und Titel überhaupt nicht reagieren. Untersuchungen des *Center for Creative Leadership* erbrachten, daß organisatorische Fragen eine viel größere Rolle bei der Hemmung der Kreativität spielen als menschliche Faktoren. Als wichtigste „Kreativitätsbremsen" wurden genannt:

- Beschneidung von Entscheidungsmöglichkeiten
- Überbetonung greifbarer Anerkennung
- ständige Bewertung und Wettbewerb
- Gleichgültigkeit gegenüber dem Projekt
- unklare Ziele
- unzureichende Mittel
- Überbewertung des und Festhalten am Status quo
- Zeitdruck

Es ergab sich weiterhin, daß ein anderer wichtiger organisatorischer Faktor die Kreativität *steigern* kann: Eine Kultur, die einen breiten Informationsaustausch vom Leuten begünstigt, deren Kenntnisse und Fähigkeiten einander ergänzen.[6] In diesem Zusammenhang wurde auch festgestellt, daß die frühe Phase der kreativen Arbeit, die „Entdeckungsphase", vom äußeren Beobachter oft als „langsam, risikoreich und voll zwischenzeitlicher Fehler" empfunden wird (S. 156 der unter Anmerkung 6 zitierten Arbeit). Der Manager von F&E muß daher darauf eingestellt sein, diese kreative Tätigkeit vor „den mächtigen Kräften abzuschirmen, die eine Unterbrechung oder sogar Beendigung des Prozesses bewirken können und die ins Spiel gebracht werden durch Unsicherheit, Angst vor Fehlern, Vermeidung von Ambiguität und dem Druck nach schnellen und verläßlichen Ergebnissen" (S. 157).

Kreativität steigern

Neben den oben erwähnten Forschungsarbeiten zu kreativen Persönlichkeiten gibt es andere Anhaltspunkte, die nahelegen, daß sich die Kreativität einer Organisation steigern läßt.

Eines der Merkmale kreativer Menschen – bezeichnet als die Fähigkeit, Zusammenhänge zu erkennen und scheinbar voneinander unabhängige Fakten zu verknüpfen, oder als Empfindlichkeit auf Asymmetrien und Mißverhältnisse – ist mit dem Gebrauch besonderer *kognitiver Strukturen* verbunden. Dies sind einfache mentale Gebilde oder Regeln, durch die wir Anregungen, wie etwa Sinneswahrnehmungen, Gedanken und Eindrücke, verarbeiten.

In der Forschung, die sich mit diesen Vorgängen befaßt, teilt man kognitive Strukturen in zwei Typen ein – in starre und flexible. Starre Strukturen sind „fest miteinander verknüpft, so daß ein Element [der Erfahrung] zwangsläufig ein anderes Element bedingt".[7] Flexible Strukturen andererseits erzeugen einen kreativeren Denkprozeß: Sie ermöglichen, daß die Erfahrung „auf den Kopf gestellt" wird (in Shellys Worten) und man danach sucht, was Holton als „bisher nicht wahrgenommene formale Asymmetrien" und „Mißverhältnisse" bezeichnete.

Für Sie als Manager ist es wichtig zu verstehen, daß die Menschen entweder starre oder flexible kognitive Strukturen anwenden – die entscheidende Rolle spielen *die Umstände*. Dieselben Leute, die unter bestimmten Bedingungen fähig sind, Probleme kreativ und flexibel zu lösen (also flexible kognitive Strukturen zu nutzen), gehen in anderen Situationen stereotyp und unkreativ (also starre kognitive Strukturen nutzend) an ein Problem heran.[8]

Es wird Sie nicht überraschen, daß flexible kognitive Strukturen mit organisatorischen Aspekten verbunden sind wie Mehrdeutigkeit, Kooperation, intellektuelle Herausforderung, offene und ehrliche Diskussion und Risikobereitschaft. Die erforderliche Ambiguität läßt sich im F&E-Bereich zum Beispiel dadurch erreichen, daß die Führung einer Arbeitsgruppe nicht vom Dienstalter bestimmt wird, sondern sich im Einklang mit den Fähigkeiten des einzelnen herausbildet. Man sollte auch dafür sorgen, daß die Mitarbeiter sich nicht in einem Verhältnis zwischen Vorgesetztem und Untergebenen sehen; sie sollten sich als Gleichberechtigte betrachten (nähere Ausführungen hierzu folgen später).

Derartige Arbeitsbedingungen, die auch als „organische Struktur" bezeichnet werden, findet man in leistungsfähigen Unternehmen, die sich an neue Technologien anpassen können.[9] Merkmale einer organischen Struktur sind – neben Herausforderung und Mehrdeutigkeit – Zwanglosigkeit, Komplexität, weitgehende Delegation von Verantwortung und eine laterale (horizontale) Struktur der Beziehungen und Kommunikation.

Diese Erkenntnisse sind enorm aufregend: Sie bedeuten, daß man eine F&E-Einrichtung so organisieren kann, daß die Kreativität stimuliert wird. Kurz gesagt – kreatives Denken erfordert flexible kognitive Strukturen, die es ermöglichen, Zusammenhänge (Asymmetrien, Mißverhältnisse) wahrzunehmen. Flexible kognitive Strukturen werden durch einen organischen Unternehmensaufbau begünstigt. Die folgenden Abschnitte werden sich eingehender damit beschäftigen, wie sich die Kreativität von F&E durch richtige Auswahl von Aufbau und Größe der Einrichtung und sinnvolle Praxis formaler Abläufe – anders gesagt, durch technische Aspekte – beeinflussen läßt.

Struktur und Größe

Mit dem Wort „Struktur" verbindet man gewöhnlich ein Diagramm mit Kästchen, die nach einem bestimmten Prinzip angeordnet wurden. Wir wollen dem Begriff jedoch eine allgemeinere Bedeutung zuordnen: Unter der Struktur einer Organisation verstehen wir das Muster der Beziehungen und der Kommunikation zwischen den Menschen. Ein formales Diagramm dagegen zeigt die Relationen der *offiziellen* Hierarchie, die sich ganz wesentlich von denen unterscheiden können, entlang derer die *wirklichen* zwischenmenschlichen Beziehungen und die Kommunikation stattfinden.

Es gibt zwei grundlegende Strukturmuster, ein vertikales (zwischen Vorgesetztem und Untergebenen, pyramidenartig, hierarchisch) und ein laterales (zwischen gleichberechtigten Mitarbeitern, vernetzt, horizontal). Welche der beiden Strukturen die effektivere ist, hängt von der jeweiligen Situation ab.[10] Eine vertikale Struktur ist angebracht, wenn die Arbeitsbedingungen stabil sind und es für einzelne Arbeitsabläufe festgelegte Regeln und bewährte Verfahren gibt – kurz gesagt, im Falle *algorithmischer* Arbeitsabläufe. Die laterale Struktur ist dagegen günstiger, wenn sich die Arbeitsbedingungen rasch ändern (hoher Unsicherheitsfaktor) und es für die einzelnen Arbeitsschritte kaum Regeln und erprobte Verfahrensweisen gibt – kurz gesagt, im Falle *heuristischer* Arbeitsbedingungen.

In einer lateralen Struktur sind die Mitarbeiter gleichberechtigt und empfänglicher für Zusammenarbeit (ein Merkmal einer kreativen Forschungseinrichtung). Untereinander gleichgestellte Menschen sind eher zu offener und zwangloser Kommunikation bereit (ein zweites Merkmal einer kreativen Forschungseinrichtung). Gleichberechtigte Beziehungen und offene, zwanglose Kommunikation erleichtern fruchtbare Auseinandersetzungen und intellektuelle Herausforderung (ein drittes Merkmal einer kreativen Forschungseinrichtung).

Laterale Strukturen sichern außerdem die Mehrdeutigkeit, von der die Anwendung flexibler kognitiver Strukturen abhängt: In einer Problemsituation übernimmt immer derjenige Mitarbeiter die Führung, der die meisten Kenntnisse und Erfahrungen besitzt. Ändern sich die Problemstellungen, dann wechseln auch die Führungspersönlichkeiten. Die Antwort auf die Frage, wer „den Hut auf" hat, hängt von der Art des Problems ab. Es ist ziemlich schwierig, laterale Strukturen in einem Diagramm darzustellen, weil es nur sehr wenige Mitarbeiter mit offizieller Autorität gibt.

Schließlich sind laterale Strukturen eine Bedingung für einen organischen Aufbau der F&E; sie beschränken die Größe des Unternehmens. Darin liegt letztendlich der Zusammenhang zwischen der Kreativität und den technischen Aspekten von Aufbau und Größe der Einrichtung. Als Gleichberechtigte können wir nur mit Menschen arbeiten, die wir kennen; und wir können nur eine begrenzte Anzahl von Menschen kennen! Nur mit einer gewissen Zahl von Leuten können wir offen und zwanglos kommunizieren, und nur mit einer gewissen Zahl von Leuten können wir in unmittelbaren intellektuellen Wettstreit treten. Das bedeutet, daß sich drei der Merkmale einer kreativen F&E-Einrichtung – Zusammenarbeit, offene und ehrliche Kommunikation, intellektuelle Herausforderung – *nicht* mit einer Größe der Einrichtung vereinbaren lassen, die ein bestimmtes Maß (etwa 200 Mitarbeiter) übersteigt. Als allgemeine Regel formuliert ergibt sich daraus: Mehrere kleine *Forschungs*institute arbeiten in der Regel *innovativer* als ein großes.

Ist die Arbeitsweise heuristisch, wie es für die neu begonnene Forschung auf neuen Gebieten zutrifft – sie folgt keinen festgelegten Regeln und erprobten Verfahren – dann sollte man laterale (organische) Strukturen und kleine Einrichtungen anstreben. Ist die Arbeitsweise hingegen vorwiegend algorithmisch, wie es für die Weiterentwicklung in späteren Stadien zutrifft – es gibt feste Regeln und bewährte Verfahren –, dann ist eine vertikale Struktur effektiver. Die Einrichtung darf dann viel größer sein. Eine zweite allgemeine Regel: Eine große (Weiter-) *Entwicklungs*abteilung arbeitet in der Regel *produktiver* als mehrere kleine.

Treten jedoch in einer vertikalen Organisation Probleme auf, deren Lösung flexible kognitive Strukturen erfordert, so müssen lateral strukturierte, organische Einheiten gebildet werden: Kleine Gruppen am Problem in verschiedener Weise beteiligter Mitarbeiter oder kleine Projektteams aus geeigneten vertikalen Ebenen müssen als Gleichberechtigte kommunizieren, kooperieren und einander herausfordern. Innerhalb dieser Gruppen soll ein zwangloser Umgangston herrschen, die Verantwortung muß weitgehend delegiert werden, die Kommunikations- und Beziehungsmuster sollen lateral sein. Auf diese Thematik geht Kapitel 8 (Projektmanagement) genauer ein.

Schlußfolgerungen

Vertikale Strukturen sind uns schon vom Modell der Eltern-Kind-Beziehung her vertraut. Sie lassen sich daher in vielen Fällen leichter aufbauen und managen. Die Arbeit wird auf einzelne Abteilungen verteilt, die Verantwortlichkeiten sind genau festgelegt, die Organisation hat ein sichtbares „Oben" und „Unten". Wirklich effektiv sind solche Strukturen aber lediglich unter stabilen Arbeitsbedingungen und bei algorithmischen Arbeitsabläufen.

Ändern sich die Bedingungen rasch oder tauchen Probleme auf, deren Lösung flexible kognitive Strukturen erfordert, dann reduzieren vertikale Strukturen die Leistungsfähigkeit der Einrichtung. Leider besteht die Reaktion des Managers in solchen Fällen oft darin, strengere Kontrolle und ausdrücklichere Regeln anwenden zu wollen und immer neue Ebenen von Vorgesetzten einzuführen – in der Hoffnung, das Problem so schneller zu lösen.

Effektiver wäre es jedoch, eine oder mehrere kleinere Gruppe(n) festzulegen, die sich direkt mit der Lösung des Problems beschäftigen, und zwischen ihnen eine laterale (organische) Beziehung aufzubauen. Kreatives Denken kann nur auf der Grundlage *kleiner* organisatorischer Einheiten und organischer Strukturen gefördert werden! Je mehr Leute sich mit einem Problem befassen, desto geringer wird die Leistungsfähigkeit. Ermutigen Sie die Mitarbeiter zu Arbeitsbedingungen, die auf den ersten Blick völlig unzweckmäßig erscheinen! In einer lateralen Struktur sind Zwanglosigkeit, Mehrdeutigkeit, Konflikte und das Fehlen einer festgelegten Führung erwünscht. Dies kann einen chaotischen Eindruck hervorrufen, fördert aber die Kreativität.

Formale Abläufe

Die Kreativität in Forschung und Entwicklung wird beeinflußt durch Aufbau und Größe des Unternehmens sowie formale Abläufe wie die Einstellungspraxis, die Art und Weise der Würdigung und Anerkennung von Leistungen, die Entscheidungsfindung und -prüfung und den Informationsfluß. Diese formalen Abläufe müssen sich – ebenso wie Kultur, Aufbau und Größe der Einrichtung – förderlich auf Zusammenarbeit, intellektuelle Herausforderung, offene und ehrliche Kommunikation und Risikobereitschaft auswirken. Jeden der genannten Aspekte wollen wir im folgenden ausführlicher untersuchen.

Einstellungspraxis

Die Einstellungspraxis vieler Unternehmen zielt darauf ab, Mitarbeiter zu finden, die „in das System passen". Ungeachtet aller Lippenbekenntnisse zur Vielfalt sind Einstellungsgewohnheiten und -verfahren in der Regel (mehr oder weniger unabsichtlich) darauf gerichtet, persönlichen Stil und Intellekt der Mehrheit der Mitarbeiter möglichst zu nivellieren. Die Folgen sind Gleichförmigkeit und Einheitlichkeit, Mitarbeiter, die den Status quo schwerlich angreifen werden, und ein Defizit an wirklicher Kreativität. Bereits Stefan bemerkte: Wenn er niemals diejenigen Bewerber einstellt, die im Vergleich zur Norm exzentrisch erscheinen, dann ist sein Institut bald „sehr mittelmäßig" – unabhängig davon, in welchen leuchtenden Farben das Unternehmen im Jahresbericht oder in Werbeprospekten geschildert wird.

Um Gleichförmigkeit und Mittelmäßigkeit entgegenzuwirken, müssen Sie aktiv nach Mitarbeitern suchen, die Ihnen am Anfang vielleicht unbequem erscheinen, weil sie fachkundig, aber exzentrisch sind. Suchen Sie – in anderen Worten – nach Leuten, die *nicht „passen"*, die Sie als sehr verschieden von den Kollegen empfinden.

Und noch weiter: Wenn Sie einen „fähigen Exzentriker" eingestellt haben, dann fördern Sie seine „absonderlichen" Eigenschaften: Bestärken Sie ihn, *seine* Auffassung von „der Welt" darzulegen, und ermutigen Sie andere, dabei zuzuhören – besonders dann, wenn es sich um Ansichten handelt, die dem widersprechen, das bisher als gesichert galt. Sie versuchen, die Kreativität durch Unterstützung und Förderung flexibler kognitiver Strukturen zu steigern, und der Exzentriker ist definitiv besser in der Lage, verschiedene Seiten eines Problems wahrzunehmen.

„Exzentrisches Denken" können Sie auch fördern durch Einladung von Gästen – Forschern, Stipendiaten, Fachleuten – die nicht mit dem Strom schwimmen, aber Ihre Wissenschaftler herausfordern können, Zusammenhänge zu überdenken, und zwar allein daraus, daß sie die akzeptierten Konventionen nicht anerkennen. Das Einladen von Gastwissenschaftlern betrachtet man in der Regel nicht als Teil der Einstellungspraxis; es ist aber mit Sicherheit trotzdem Bestandteil eines intelligenten Systems der Übung und Akkumulation von Wissen.

Würdigung und Anerkennung von Leistungen

Verfahrensweisen bei der Würdigung und Anerkennung von Leistungen unterstützen, wie auch die Einstellungspraxis, in vielen Fällen ein sicheres Mittelmaß. Betrachten wir die vier Bedingungen für die Kreativität. Erstens: Sie als Manager müssen die Zusammenarbeit schätzen. Das bedeutet, Sie müssen Wert auf kollektive Leistungen legen – beispielsweise die Ergebnisse eines Teams als Leistung der gesamten Gruppe bewerten – und kollektive Leistungen entsprechend würdigen. Die Bewertung in der Gruppe ist natürlich viel komplizierter und zeitraubender, als wenn Sie individuell einschätzen. Außerdem setzt sie voraus, daß Sie und Ihre Mitarbeiter den anderen glauben, ihre Meinung respektieren und die Zusammenarbeit wirklich schätzen und daß die Unternehmenskultur diese Wertvorstellung stützt (siehe Kapitel 4).

Zweitens: Sie müssen die intellektuelle Herausforderung anerkennen. Das heißt, Sie müssen Ihre Angestellten herausfordern und andererseits diese ermutigen, *Sie* herauszufordern – und zwar *wirklich* herauszufordern durch offenen Widerspruch, ohne daß jemand befürchten muß, öffentlich erniedrigt oder privat zurechtgewiesen zu werden. Das heißt auch, geduldig zu tolerieren, wenn diese Art der Herausforderung den Arbeitsablauf zeitweise durcheinanderbringt oder verzögert. Wenn Ihre Wissenschaftler miteinander gestritten haben und sich schließlich auf einen gemeinsamen Standpunkt geeinigt haben, dann kommen sie zu einer viel kreativeren Lösung des Problems, als wenn Sie diese Lösung *erzwingen*. Sind Sie eine aufgabenorientierte Führungspersönlichkeit (siehe Kapitel 3), dann müssen Sie zur Würdigung intellektueller Herausforderung *viel* Geduld und Beherrschung aufbringen.

Drittens: Sie müssen eine offene und ehrliche Kommunikation anerkennen. Das bedeutet zunächst, einen solchen Kommunikationsfluß aufzubauen und zu fördern. Seien Sie darauf vorbereitet, daß durch ehrliche Kommunikation nicht nur gute Nachrichten weitergegeben werden! Negative Neuigkeiten müssen Sie genauso respektvoll und überlegt aufnehmen wie positive. Viele Manager sind überrascht, wenn sie feststellen, daß ihre Wissenschaftler keine Lust haben, Probleme oder Fehler offen einzugestehen und statt dessen lieber abwiegeln und beruhigen. Warum? Weil der Manager die Offenheit letztendlich bestraft, indem er temperamentvoll und ärgerlich auf schlechte Nachrichten reagiert oder den Überbringer nicht mehr sehen will, bis das Problem vom Tisch ist, oder das Problem herunterspielt.

Ein letzter Punkt: Sie müssen Risikobereitschaft würdigen. Das schließt den Willen Ihrerseits ein, Leute auch für scheinbar schlechte Ergebnisse anzuerkennen (nicht gleichzusetzen mit einer schlechten Bewertung!) und diejenigen nicht zu bestrafen, die ein Risiko eingehen und dabei scheitern. Sichern Sie, daß „freie" Mittel – außerhalb der traditionellen Budgets und nicht anderen Projekten entzogen – vorhanden sind, um zu experimentieren. Verschaffen Sie denjenigen Beachtung, die Risiken eingegangen sind und Erfolg hatten. Und schließlich sollten Sie *selbst* risikobereit sein, auch wenn Sie scheitern könnten.

Entscheidungsfindung und Entscheidungsprüfung

Unabsichtlich haben viele Manager in F&E Entscheidungsfindungs- und -prüfmechanismen aufgebaut (oder ihren Aufbau zugelassen), die schwerfällig und langsam sind und einen Mangel an Vertrauen in die Intelligenz der beteiligen Menschen widerspiegeln. Wenn Sie intelligente Mitarbeiter eingestellt und eine offene und ehrliche Kommunikation gefördert haben, dann sind nur *sehr wenige* offizielle Entscheidungsfindungs- und -prüfsysteme erforderlich. Sicher, Entscheidungen und Probleme, die die „große Marschrichtung" betreffen, müssen von offizieller Seite überprüft werden; es ist aber überraschend, für wie viele kleinere Entscheidungen dies nicht vonnöten wäre, die im System endloser Überprüfungen versinken.

Wie aus Kapitel 1 zu entnehmen war, sollte der finanzielle Rahmen von Forschung und Entwicklung anhand der gesamten Unternehmensstrategie und unter Berücksichtigung von Anregungen sowie mit dem Einverständnis aller Mitarbeiter in F&E festgelegt werden. Den einzelnen Abteilungen sollte dann ein Budget zugewiesen werden, wobei man darauf vertrauen sollte, daß sie es sinnvoll ausgeben – auch dann, wenn Sie selbst gelegentlich mit einer Entscheidung nicht einverstanden sind. (Dies ist ein Teil der Anerkennung von Risikobereitschaft und der Ermutigung von Herausforderungen.) Herrscht in Ihrer Einrichtung ein wahrer Gemeinschaftsgeist, dann können Sie zwischen den Einrichtungen auch eine Art „Kuhhandel" zulassen, um Ausgaben abzusichern, die das Budget einer bestimmten Abteilung übersteigen. Die Mitarbeiter sollten (wirklich) davon überzeugt sein, daß sie zum Besten der gesamten Forschungseinrichtung, nicht ihres eigenen Labors arbeiten. Eines Ihrer Ziele sollte sein, daß sich der Wettstreit auf die gesamte F&E erstreckt, nicht nur auf einen Teil davon.

Aus ähnlichen Gründen sollte man projektgebundene Entscheidungen denjenigen überlassen, die sich mit dem speziellen Problem am besten auskennen. Ist die Kommunikation in der Einrichtung wirklich offen und ehrlich, werden dem Management die erforderlichen Informationen in einem ganz normalen Prozeß der Zusammenarbeit mitgeteilt. Ist die Mitarbeit des Managements gefragt, dann muß dies nicht durch Anweisungen erzwungen werden.

Informationsfluß[11]

Informationskanäle – auch die, die Ihnen bisher vielleicht nicht als solche bewußt geworden sind – bieten die vielfältigsten Möglichkeiten der Beeinflussung der vier Merkmale einer kreativen F&E-Einrichtung.

Die **Zusammenarbeit** kann unter anderem durch die Verknüpfung von Wissenschaftlern – ungeachtet ihres Arbeitsplatzes – mit Hilfe elektronischer Medien gefördert werden. Günstig wirken sich auch aus: die Verbreitung strittigen Materials (elektronisch oder in Papierform), darunter auch Informationen über gegenwärtige Arbeitsgebiete des Instituts; die Ermöglichung eines leichten (elektronischen) Zugangs zu anderen wissenschaftlichen Einrichtungen und nützlichen Datenbanken.

Die **intellektuelle Herausforderung** wird mit diesen Maßnahmen ebenfalls gefördert; die Verteilung von Informationen sollte sich eher danach richten, was jemand erfahren *möchte*, nicht danach, was er erfahren *muß*.

Eine **offene und ehrliche Kommunikation** wird (neben den bisher erwähnten Maßnahmen) dadurch gefördert, daß negative Neuigkeiten ebenso bereitwillig weitergegeben werden wie positive.

Wenn Ihr Informationssystem die genannten Anforderungen erfüllt, wird auch die **Risikobereitschaft** gefördert.

Zusammenfassung

Was auf einzelne Personen zutrifft, läßt sich auf Organisationen übertragen: Wenn die menschlichen Aspekte der persönlichen Fähigkeiten den Anforderungen der Tätigkeit entsprechen, sind die technischen Aspekte zweitrangig (das bedeutet nicht, daß sie unwichtig sind). Wenn also die Kultur „funktioniert" (die Merkmale aus Kapitel 4 fördert), dann sind Aufbau, Größe und formale Abläufe erst in zweiter Linie von Bedeutung. „Funktioniert" die Kultur nicht, dann sind Sie nicht völlig erfolgreich – ganz egal, wie Ihr Institut aufgebaut ist, wie groß es ist und wie Sie formale Abläufe handhaben.

Es wird viel zu viel Zeit und Energie damit vergeudet, an Aufbau, Größe und Formalitäten von Forschungseinrichtungen „herumzupfuschen". In diesem Zusammenhang ist „weniger" immer „mehr"! Es gibt nur einige grundsätzliche Faustregeln. Wollen Sie die Kreativität Ihrer Einrichtung steigern, dann streben Sie nach lateralen und kleinen Strukturen. Sind die Arbeitsbedingungen stabil und die Abläufe algorithmisch, dann ist eine vertikale Struktur effektiver. Hat sich die vertikale Struktur für den Alltag als sinnvoll erwiesen und taucht ein Problem auf, dessen Lösung die Anwendung flexibler kognitiver Strukturen verlangt, dann müssen Sie einen kleinen, lateral aufgebauten, organischen Teilbereich innerhalb der vertikalen Organisation schaffen. Dies entspricht im wesentlichen dem Matrixaufbau (Kapitel 8). Ist der Arbeitsablauf vorwiegend heuristisch, dann halten Sie die Strukturen lateral, organisch, klein.

Bezüglich der formalen Abläufe ist die Regel ähnlich einfach: Bringen Sie sie allen voran in Übereinstimmung mit den vier Bedingungen für Kreativität, dann liegen Sie richtig.

Anmerkungen

1. Siehe zum Beispiel die Arbeit von David M. Harrington „The Ecology of Human Creativity: A Psychological Perspective" in *Theories of Creativity*, M. A. Runco und R. S. Albert (Hrsg.), Sage, Newbury Park, California, 1990

2. Gerald Holton, *Thematic Origins of Scientific Thought*, Harvard University Press, Cambridge, Massachusetts, 1973, S. 354
3. Gerald Holton, *The Scientific Imagination*, Cambridge University Press, Cambridge, England, 1978, S. 281
4. J. D. Fitzgerald, „Reflections on Some Problems in the Management of Drug Discovery", in F. Gross (Hrsg.), *Decision Making in Drug Research*, Raven Press, New York, 1983, S. 209
5. Die Informationen wurden entnommen aus „Within You, Without You: The Social Psychology of Creativity, and Beyond" von Teresa M. Amabile in *Theories of Creativity* (siehe Punkt 1).
6. Entnommen aus „The Ecology of Human Creativity" von David M. Harrington in *Theories of Creativity* (siehe Punkt 1).
7. D. E. Rumelhart, P. Smolensky, J. L. McClelland, G. E. Hinton, „Schemata and Sequential Thought Processes in PDP Models", in J. L. McClelland, D. E. Rumelhart et al. (Hrsg.), *Parallel Distributed Processing*, MIT Press, Cambridge, Massachusetts, 1986, Band 2, S. 37
8. H. M. Schroder, M. Driver, S. Streufert, *Human Information Processing*, Holt, Rinehart & Winston, New York, 1967
9. T. Burns und G. M. Stalker, *The Management of Information*, Tavistock Press, London, 1966
10. Siehe zum Beispiel „Relationships Between Structure and Technology" von Donald Gerwin in P. C. Nystrom und W. Strabuck (Hrsg.), *Handbook of Organizational Design*, Oxford University Press, Oxford, 1981
11. Dieser Abschnitt stützt sich auf „Surviving as a Niche Player in the Pharmaceutical Industry" von S. Jorgensen, I. Jensen und M. Edwards in *Drug Development Research* **274** (1993).

6 Effektive Kommunikation

Eigentlich sollte alles so einfach sein: Sie sagen einem Menschen etwas, schreiben eine Notiz (auf Papier oder elektronisch), und Sie erwarten, daß der Empfänger die Nachricht versteht und entsprechend handelt. Also haben Sie *kommuniziert*.

Wirklich? Der Begriff „Kommunikation" kommt vom lateinischen *communicare*, „teilen" oder „einen Anteil gewähren". Es handelt sich dabei um einen komplizierten Vorgang, wo an vielen Stellen etwas schiefgehen kann. Dieses Kapitel will Ihnen helfen, effektiv zu kommunizieren, und erklärt dazu drei grundlegende Aspekte: den Kommunikationsprozeß, die Nachricht selbst und das Medium, durch welches die Nachricht übertragen wird. Sie finden auch Beispiele für Problemsituationen und ihre Lösung.

Kommunikation als Prozeß

Nehmen wir an, Sie wollen Ihrem Personal mitteilen, daß es am Sonntag zwischen Mitternacht und 4 Uhr morgens kein warmes Wasser geben wird, weil die Anlage routinemäßig gewartet wird. Diese Aufgabe besteht aus sechs Schritten[1] (siehe Abb. 1).

1. Sie, der *Sender*, *denken* zunächst darüber nach, wem Sie etwas mitteilen wollen und was Sie übermitteln möchten.
2. Sie *verschlüsseln* die Information, indem Sie Ihre Gedanken in eine kommunizierbare Form fassen (Worte, Sätze, Zahlen, usw.).
3. Sie *übertragen* die verschlüsselte Nachricht mit Hilfe eines Mediums (Schallwellen, wenn die Übertragung mündlich erfolgt, ansonsten Papier oder elektronische Medien) zu den betroffenen Wissenschaftlern und Technikern.
4. Die *Empfänger*, die Leute, denen Sie die Nachricht mitteilen, müssen diese *wahrnehmen*: Sie müssen sie hören oder lesen.
5. Die Empfänger müssen die Nachricht *entschlüsseln*, das heißt, sie in ihre eigene Gedankenwelt übersetzen.
6. Zuletzt müssen die Empfänger die Nachricht so *verstehen*, wie Sie es beabsichtigt haben.

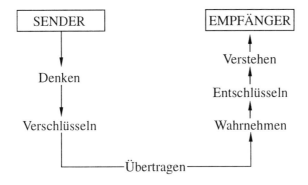

Abb. 1 Der Kommunikationsprozeß

Störungen des Prozesses

Um zu veranschaulichen, wie kompliziert der Prozeß der Kommunikation in der Praxis ist, werden im Anschluß mögliche Störungen jedes der sechs Schritte demonstriert.

Denken: Weder denken Sie sorgfältig genug darüber nach, wer die Nachricht erhalten soll, noch ist Ihnen klar, wieviele Details des Sachverhalts Sie weitergeben müssen. Es wird nicht nur das heiße Wasser für vier Stunden abgestellt, sondern auch die Heizung in einem Kleintierlabor. Die Heizung läßt sich auf einen Generator umstellen, aber das Wartungspersonal muß 24 Stunden vorher informiert werden, wenn dies an einem Wochentag stattfinden soll und kein Notfall vorliegt. Für eine Umschaltung über ein Wochenende muß das Personal sogar 72 Stunden vorher informiert werden, um unnötige Überstunden zu vermeiden. Das haben Sie vollkommen übersehen: Sie verschicken die Nachricht erst am Freitag morgen.

Verschlüsseln: Sie sitzen vor Ihrem Computer und tippen die folgende Notiz:

An:	alle Mitarbeiter in Haus C
Von:	Pat, Leiter F&E
Datum:	Freitag vormittag
Betrifft:	Wartung der Heizungsanlage

Aufgrund der routinemäßigen Wartung der Heizungsanlage am kommenden Wochenende wird am Sonntag abend das warme Wasser in Haus C für 4 Stunden abgestellt. Bei eventuellen Schwierigkeiten wenden Sie sich bitte an den Leiter des Wartungsdienstes.

In der Eile haben Sie vergessen, den genauen Zeitpunkt der Abschaltung anzugeben.

Übertragung: Die obige Notiz senden Sie mittels E-Mail an alle Beschäftigten in Haus C. Von Ihrer Software werden Sie jedoch nicht gewarnt, daß ein lokales Netz – das Chemielabor im zweiten Stock – nicht erreicht wurde, da das System infolge eines Stromausfalls am Morgen zusammengebrochen ist.

Wahrnehmung: Alle Mitarbeiter in Haus C – ausgenommen die Beschäftigten des erwähnten Chemielabors – haben Ihre Nachricht empfangen. Einige Wissenschaftler schalten jedoch an diesem Nachmittag ihren Computer nicht mehr ein und merken so nicht, daß sie Post haben.

Entschlüsselung: Einige der Leute, die nach ihrer Post schauen und die Nachricht lesen, fragen sich tatsächlich, zu welcher Zeit die Abschaltung genau stattfinden wird. Einige übersetzen „abends" mit 18 Uhr bis 22 Uhr am Sonntag und stellen fest, daß es *kein* Problem geben wird; andere verstehen darunter eine Zeit irgendwann nach Mitternacht und entscheiden, daß es ein Problem *geben wird*.

Verstehen: Die Techniker, die für das Kleintierlabor zuständig sind, lesen die Nachricht und machen sich sofort Gedanken über die Umschaltung der Heizung auf den Generator. Sie fragen die Laborleiterin nach ihrer Meinung, aber diese gehört zu den Mitarbeitern, die die Mail überhaupt nicht gefunden haben. Wenn sie sie schließlich gelesen hat, ärgern sich alle zusammen, daß Sie die „Vorwarnung" vergessen haben. Oder wurde etwas geändert und die Nachricht ist gar nicht mehr gültig? Wenn die Heizung zwischen 18 und 22 Uhr abgeschaltet wird, dann könnte es im Labor zu kühl werden. Findet die Abschaltung aber zwischen Mitternacht und 4 Uhr morgens statt, dann muß der Generator vielleicht nicht eingeschaltet werden. Wen sollen sie fragen – Sie oder den Wartungsdienst?

Denken Sie nicht, daß die meisten Probleme in diesem Beispiel von Ihrer Vergeßlichkeit verursacht wurden oder vom Versagen des gewählten (elektronischen) Mediums. Betrachten wir ein weiteres Szenario.[2] Sie befinden sich in der wöchentlichen Besprechung mit 12 der Ihnen unmittelbar unterstellten Mitarbeiter. Sie kündigen an: „Am Dienstag erwarten wir einige Mitglieder des Aufsichtsrates, die sich den Anlagenprototyp ansehen wollen. Bitte sichern Sie ab, daß Ihre Mitarbeiter darauf vorbereitet sind. ..." Während Sie sprechen, gibt es einige „Einbrüche" im Kommunikationsfluß:

Gestörte Wahrnehmung: Zwei der Mitarbeiter hören nicht aufmerksam zu. Sie bilden sich ein, irgend etwas von einem Besuch „hoher Tiere" gehört zu haben, und fragen sich, was schiefgegangen ist, daß man die Unternehmensführung einschalten muß.

Der Leiter des Anlagenprototyps hört Ihre Ankündigung, denkt aber sofort einen Schritt weiter: Er malt sich aus, daß die Besucher von seiner Anlage so beeindruckt sein werden, daß sie eine Erweiterung der Kapazitäten verlangen; er plant bereits, welche Ausrüstung noch angeschafft werden könnte. Dabei verpaßt er den Rest Ihrer Ausführungen über den Besuch.

Mißtrauen gegenüber dem Sender: Eine der Anwesenden glaubt nicht, daß Sie – bis vor kurzem noch Forscher in einer akademischen Einrichtung (im Gegensatz zur Industrie) – durchschauen können, welche Gründe der Besuch des Aufsichtsrates hat. Sie nimmt an, daß es um die Finanzen des Unternehmens geht, von denen Sie keine Ahnung haben, und daß die Unternehmensführung nach Projekten sucht, wo sie den Rotstift ansetzen kann. Sie überlegt sich schon, wie sie ihr eigenes Gebiet zur „heiligen Kuh" erklären könnte (soweit es die Kürzung der Mittel betrifft), und verpaßt ebenfalls den Rest Ihrer Ausführungen.

Störungen aus der Vergangenheit: Der Assistent des Leiters des Anlagenprototyps hat in seiner letzten Position eine schmerzliche Erfahrung gemacht: Mitglieder des Aufsichtsrates kamen, um seine Anlage anzusehen, und in der folgenden Woche wurde die gesamte Gruppe entlassen. Er verfällt in Panik, befürchtet, daß ihm dasselbe noch einmal passiert, und denkt über seine Bewerbungsunterlagen nach.

Defensives Verhalten: Eine Mitarbeiterin fühlt sich sehr zurückgesetzt, seitdem die neue, hochmoderne Prototyp-Anlage fertiggestellt wurde. Als sie Ihre Ankündigung hört, „wittert" sie sofort wieder einen Affront gegen ihre eigenen Ingenieure aus der Produktion. Sie unterbricht Sie und beginnt, mit Ihnen über das Budget ihrer Abteilung zu streiten.

Inkongruenz*: Als die Mitarbeiterin Ihre Ankündigung unterbricht, fordern Sie sie auf, mit ihren Belangen zu warten, bis Sie Einzelheiten zum geplanten Besuch bekanntgegeben haben. Sie vermuten, daß ihr die Anlage egal ist, weil sie so streitsüchtig auftritt. Folglich fällt Ihre Bitte um Geduld ziemlich kurz angebunden aus. Die Mitarbeiterin denkt jetzt, daß Sie ihre Abteilung *wirklich* geringschätzen, und sortiert im Geiste ihre Bewerbungsunterlagen.

In Wirklichkeit handelt es sich bei den Besuchern um die drei neuen Mitglieder des Aufsichtsrates, die vorher in einem Unternehmen an der Westküste gearbeitet haben, das dieselbe Technologie anwendet. Sie wissen, daß sie sehr interessiert – und *nur* interessiert – sind an einem bestimmten Detail der Anlage, das bei Ihnen verwendet wird. Diese Botschaft haben Sie lediglich 6 von den 12 Leuten, die bei der Besprechung anwesend waren, wirklich *übermittelt*.

---

* Unter „Inkongruenz" versteht der Psychologe eine Diskrepanz zwischen den primären Empfindungen des Senders und der Äußerung, die der Empfänger wahrnimmt. (Anm. d. Übers.)

Weitere Probleme

Abgesehen von den oben dargestellten Störungen des Kommunikationsflusses gibt es in jeder F&E-Einrichtung Probleme infolge von *Sprachbarrieren*. Solche Barrieren entstehen zwischen einzelnen Disziplinen und Funktionsebenen und können die Stadien der Verschlüsselung und Entschlüsselung so behindern, daß eine gegenseitige Verständigung unmöglich wird.

Jede Disziplin in einer Forschungseinrichtung besteht aus einer Gruppe von Leuten, die ihrer Sprache eine gemeinsame Bedeutung zugeordnet haben; diese unterscheidet sich sehr wahrscheinlich von der Bedeutung der Sprache einer anderen Disziplin. Betrachten wir dies anhand eines Beispiels: Der Begriff „System", den ein Biologe gebraucht (und der Anlaß zu Mißverständnissen, zur Konfusion geben könnte), kann von einem Ingenieur als „Mechanismus" (für ihn völlig unmißverständlich) interpretiert werden. Was für den Physiker (theoretisch) „unkompliziert" ist, kann für den Biochemiker (technisch) „unmöglich" sein.

Selbst wenn die Menschen die gleichen Begriffe verwenden, ordnen sie ihnen eine für ihre Disziplin typische Bedeutung zu. Der Biologe verschlüsselt „System", der Ingenieur entschlüsselt „Mechanismus", und so weiter. Kommunikationstheoretisch ausgedrückt, handelt es sich um *Übersetzungsfehler*. Aus diesem Grund geht die interdisziplinäre Kommunikation häufig „schief": Die Menschen reden zueinander (und dabei aneinander vorbei), nicht *miteinander*.

So beschreibt ein Wissenschaftler seine Erfahrungen in der Kommunikation zwischen Chemikern und Biologen:

Chemiker sind Leute, die ständig erwarten, daß das „Morgen" wie das „Heute" aussehen wird. Aber mit Biologie kann man sich nur beschäftigen, wenn man sehr gut mit Mehrdeutigkeiten umgehen kann. Wenn sich ein Chemiker und ein Biologe zum ersten Mal treffen, ist die Zusammenarbeit ziemlich kompliziert; es kann zwei bis drei Jahre dauern, bis die Kooperation zu gegenseitigem Vertrauen führt.

Es gibt Unterschiede in der Sprache, im Temperament, im Blickwinkel und darin, was Chemiker und Biologen mit ein und derselben Information anfangen. Was für einen Chemiker „7.6" ist, sieht der Biologe als "7.6 ± 0.5" – und das ist ein fürchterlich großer Unterschied!

Der Chemiker muß verstehen, daß hohe Variabilität nicht gleichzusetzen ist mit einer Bedeutungsminderung. Beide, Chemiker und Biologen, müssen vieles lernen, wenn sie zusammenarbeiten wollen.

Eine große Forschungseinrichtung beschäftigt (unter anderem) Laserphysiker, Ingenieure und Mediziner. Der Direktor erzählt, daß neue Wissenschaftler bei Einstellungsgesprächen wörtlich gefragt werden: „Sprechen Sie Physik oder Biologie?" Er hebt hervor, daß er eine Menge Zeit damit verbracht hat, sich mit Sprachbarrieren zu beschäftigen:

Um eine interdisziplinäre Gruppe wie diese zu managen, muß man die Sprachbarrieren erkennen und die Leute dazu bringen, sie auch einzugestehen. Ich spiele oft den „Dolmetscher" meiner Wissenschaftler.

Probleme der Kommunikation entstehen auch durch Sprachbarrieren zwischen einzelnen Funktionsebenen (Forschung, Entwicklung, Konstruktion, Produktion, Verkauf usw.). Ihre Ursache liegt darin, daß hinter jeder Funktion Menschen stehen, die auf bestimmte Tätigkeiten spezialisiert sind und sich daher in Ausbildung und Erfahrungen von anderen Funktionen abheben.[3] Verschiedene organisatorische Funktionen zeichnen sich – wie auch die verschiedenen Disziplinen – durch die Zuordnung eigener Bedeutungen zu den Elementen ihrer Sprache aus.

Die Sprachbarrieren zwischen einzelnen Funktionsbereichen sind manchmal noch schwerer zu fassen als Sprachbarrieren zwischen wissenschaftlichen Disziplinen, weil die Terminologie auf den ersten Blick völlig eindeutig erscheint. Mitarbeiter in der Forschung können zum Beispiel einen völlig anderen *Zeitbegriff* haben als Mitarbeiter im Vertrieb: Was dem Wissenschaftler „kurzfristig" erscheint, dauert für den Verkäufer „eine Ewigkeit". Mitarbeiter in der Entwicklung können unter den *Bedürfnissen* des Kunden etwas völlig anderes verstehen als Mitarbeiter im Marketing: Was letztere als wichtige Neuerung betrachten, erscheint ersteren unwichtig (und umgekehrt).

Immer, wenn Menschen miteinander lernen oder arbeiten – sei es während langer Promotionszeiten oder infolge gemeinsamer Erfahrungen auf einem bestimmten Gebiet – entwickeln sie spezielle Bedeutungen ihrer Sprache, die durch andere Menschen mit anderer Ausbildung oder anderen Erfahrungen nicht verstanden werden können. Auf diese Weise entstehen Probleme bei der *Verschlüsselung*, *Entschlüsselung* und beim *Verständnis* innerhalb des Kommunikationsprozesses.

Die Lösung: Feedback!

Um effektiv kommunizieren zu können, müssen Sie begreifen, wie und warum Probleme der Kommunikation entstehen. Dann müssen Sie erreichen, daß der Kommunikationsprozeß von einem kontinuierlichen *Feedback* (einer Rückkopplung) begleitet wird. (Zur Erinnerung: Die Person, die Ihnen ein Feedback gibt, wird damit zum „Sender" und Sie zum „Empfänger".)

Betrachten wir nun, in welcher Weise ein Feedback die Situation in den drei oben diskutierten Fallbeispielen – der Wasserabschaltung, dem Besuch des Aufsichtsrates und bezüglich der Sprachbarrieren – entspannen könnte.

Feedback: Die Wasserabschaltung.

Denken: Die erste Rückkopplung im Kommunikationsprozeß sollte stets zu Ihnen selbst erfolgen. Denken Sie sorgfältig darüber nach, wem Sie etwas mitteilen wollen und was Sie übermitteln wollen, bevor Sie die Nachricht verschlüsseln. Für dieses konkrete Beispiel betrifft dies einmal, daß Sie nicht hätten vergessen dürfen, den genauen Zeitpunkt der Abschaltung anzugeben, und zweitens, daß Sie das Problem mit dem Kleintierlabor hätten voraussehen müssen.

Verschlüsseln: Auch auf der nächsten Ebene müssen Sie sich selbst ein Feedback geben. Sehen Sie noch einmal durch, was Sie verschlüsselt haben, und vergleichen Sie es damit, was Sie mitteilen wollten. Wenn Sie die Nachricht notiert haben (auf Papier oder in elektronischer Form), können Sie sie von einer anderen Person durchlesen und beurteilen lassen, bevor Sie sie versenden. So hätte Sie diese Person vielleicht darauf hingewiesen, daß der genaue Zeitpunkt der Abschaltung in Ihrer Nachricht fehlt.

Übertragung: Wenn Sie die Nachricht abgeschickt haben, ist es ratsam, anhand strategisch verteilter Stichproben nachzuprüfen, ob der Empfänger wirklich erreicht wurde. In unserem Beispiel sollten Sie dafür sorgen, daß Ihre Netzsoftware Sie warnt, wenn ein Systemknoten nicht in Betrieb ist. Haben Sie eine schriftliche Mitteilung versandt, könnten Sie bei ausgewählten Empfängern telefonisch nachfragen, ob die Notiz am Bestimmungsort eingetroffen ist.

Wahrnehmung: Sie können nicht allzuviel tun, um abzusichern, daß jeder Ihrer Mitarbeiter seine Post – sei es in schriftlicher oder elektronischer Form – wirklich liest. Allerdings sollten Sie gut auswählen, welche Information Sie wem zukommen lassen; so manches Problemen in diesem Stadium hat seine Ursache darin, daß die Angestellten mit Informationen wahllos überschüttet werden.

Entschlüsselung: Sie haben vergessen, den genauen Zeitpunkt der Abschaltung anzugeben; dies wäre Ihnen mit Sicherheit aufgefallen, wenn Sie bei einigen leitenden Mitarbeitern nachgefragt hätten, ob es aufgrund der Wartungsarbeiten Probleme gibt.

Verstehen: Eine direkte Suche nach Feedback von Ihren Angestellten hätte auch das Mißverständnis bezüglich des Kleintierlabors aufgeklärt.

Feedback: Der Besuch des Aufsichtsrates.

Wenn Sie Schwierigkeiten bei der Kommunikation ausschließen wollen, während Sie sprechen, müssen Sie zum einen den Kommunikationsprozeß und mögliche „Einbrüche" durchschauen bzw. voraussehen. Anderseits sollten Sie jedoch auch auf Nuancen der Ausdrucksweise (Stimme, Gesichtsausdruck) und andere Elemente der Körpersprache achten. Diese Fingerzeige geben Ihnen ein unmittelbares Feedback, wie es im folgenden detailliert erklärt wird:

Gestörte Wahrnehmung: Vielleicht hätten Sie während des Meetings ohne weiteres erkennen können, daß zwei Ihrer Mitarbeiter nicht richtig bei der Sache waren: Haben die beiden miteinander geredet, sich mit ihrer Post beschäftigt, in ihrem Kalender geblättert? Um sicherzugehen, daß Ihre Mitteilung aufgenommen wurde, hätten Sie diese Mitarbeiter fragen können, ob sie eine Bemerkung zu dem Treffen machen möchten. Das hätte ihnen die Möglichkeit gegeben, sich zu erkundigen, was „denn schiefgegangen ist, daß man die Unternehmensführung einschalten muß". An dieser Stelle hätten Sie das Mißverständnis aufklären können.

Natürlich können Sie nicht erraten, daß der Leiter der Anlage im Geiste bereits einen Plan zur Erweiterung „seiner" Anlage ausarbeitet, während Sie den Besuch des Aufsichtsrates ankündigen. Eine direkte Frage, etwa „Können Sie eine Vorführung dieses Teils der Ausrüstung vorbereiten?", kann Ihnen aber helfen, diese Art der Störung aufzudecken. Der Leiter hat über die Anschaffung (Erweiterung), nicht über die Vorführung seiner Anlage nachgedacht; Sie schaffen mit Ihrer Frage eine Möglichkeit der Klärung.

Mißtrauen gegenüber dem Sender: In unserem Beispiel trifft Sie das Mißtrauen, weil Sie anscheinend mit den Gepflogenheiten in der Industrie noch nicht vertraut sind. Vorausgesetzt, daß dies nicht das erste Meeting mit Ihrem Personal ist, haben Sie vielleicht schon früher bemerkt, daß die Wissenschaftlerin darauf brennt, Sie „auf Trab zu bringen", oder zynisch reagiert, wenn Sie Ihre Vorstellungen für die Arbeit der Gruppe entwickeln. Stellen Sie auch ihr eine direkte Frage: „Haben Sie Vorschläge, die uns bei der Planung des Besuchs helfen können?" Lassen Sie sie erklären, worin sie den Zweck des Besuchs vermutet; so haben Sie Gelegenheit, sie über den wirklichen Sachverhalt aufzuklären.

Störungen aus der Vergangenheit: Wie auch im Fall der gestörten Wahrnehmung sind Sie kaum in der Lage, vorauszusehen, wie Ihre Mitarbeiter eine Nachricht mit eigenen Erfahrungen aus der Vergangenheit in Zusammenhang bringen. Suchen Sie daher das Feedback; somit nehmen Sie die Befürchtungen des Assistenten selbst zur Kenntnis (und können ihn beruhigen). Ein anderer Weg ist, daß sich die Leiterin der Anlage um Feedback bemüht und so ihren Assistenten beruhigen kann. Bis zu einem gewissen Grade lassen sich Störungen aus der Vergangenheit relativieren, wenn innerhalb der Einrichtung wirklich zum Feedback ermutigt wird.

Defensives Verhalten: Die Mitarbeiterin, die sich unterbewertet fühlt, gibt Ihnen einen deutlichen Hinweis darauf, daß etwas nicht in Ordnung ist, indem sie eine Diskussion über ihren Etat vom Zaun bricht. Ihr Mißverständnis betreffs des Zweckes des Besuchs können Sie während des Meetings aufklären; über die Verteilung der Mittel müssen Sie sich zu einem anderen Zeitpunkt mit ihr auseinandersetzen (siehe Kapitel 7).

Kongruenzprobleme: Das Mißverständnis eskaliert, wenn Sie auf den Ton der Mitarbeiterin eingehen und nicht auf die Botschaft, die dahintersteht. In diesem Beispiel macht sich die fehlende Kongruenz zweifach bemerkbar. Zum einen regt sich die Mitarbeiterin scheinbar über ihren Etat auf, in Wirklichkeit sorgt sie sich jedoch darum, daß ihre Anlage im Vergleich zu dem neuen Prototyp zu gering bewertet wird. Zum anderen halten Sie scheinbar ihre Gruppe für unwichtig, in Wirklichkeit ärgern Sie sich jedoch nur über die Unterbrechung und den Themenwechsel. Teilen Sie der Mitarbeiterin sachlich mit, daß Sie sich in einem gesonderten Gespräch über die finanziellen Fragen unterhalten werden, und daß dieses Meeting dazu da ist, alle vom Interesse des Aufsichtsrates an der Prototyp-Anlage zu informieren.

Feedback: Sprachbarrieren.

Wenn es in Ihrer F&E-Einrichtung verschiedene Funktionsebenen und verschiedene wissenschaftliche Disziplinen gibt, dann tritt potentiell das Problem des *Übersetzungsfehlers* auf (indem zum Beispiel der Biologe „System" verschlüsselt, der Ingenieur aber „Mechanismus" entschlüsselt). Viele dieser Sprachbarrieren verschwinden mit der Zeit durch die Zusammenarbeit der Menschen: Im Ergebnis gemeinsamer Erfahrungen gleichen sich auch die Bedeutungen an, die einzelnen Begriffen zugeordnet werden. Stellen Sie aber sicher, daß Angehörige verschiedener Funktionsbereiche bzw. Disziplinen auch untereinander konsequent Feedback geben! Wie der Direktor weiter oben bemerkte, müssen Sie dabei so oft wie möglich als „Übersetzer" zwischen den Disziplinen und Funktionen auftreten.

Nehmen wir zum Beispiel an, Sie treffen sich mit einem Biologen und einem Ingenieur. Fragen Sie nach, was den Ingenieur in Verbindung mit dem diskutierten System bewegt, und geben Sie damit dem Biologen eine Gelegenheit zur Klärung, falls durch das Feedback ein Mißverständnis aufgedeckt wird. Ähnlich verfahren Sie, wenn Forscher und Vertriebsmitarbeiter, Entwickler und Angestellte des Marketingbereichs miteinander reden: Übernehmen Sie es, möglichst einfache Fragen zu stellen über Zeit, Aufwand, Kosten-Nutzen-Verhältnisse und so weiter. Nehmen Sie keinesfalls an, daß Leute aus verschiedenen Disziplinen dasselbe unter diesen Begriffen verstehen (vorausgesetzt, sie haben nicht schon längere Zeit miteinander gearbeitet).

Die Sicherung von Feedback bietet einen einfachen Weg zur Lösung vieler der Probleme der Kommunikation. Direkte Fragen – mögen sie auch manchmal dumm klingen – ermöglichen eine Klärung an Ort und Stelle; so erreicht man, daß der Empfänger die Nachricht so auffaßt, wie der Sender sie gemeint hat.

Es ist wichtig, mögliche Störungen des Kommunikationsprozesses zu verstehen und konsequent für Feedback in jedem Stadium zu sorgen. Darüber hinaus erfordert eine effektive Kommunikation, daß Sie die weitergegebenen *Nachrichten* richtig auffassen. Im folgenden Abschnitt besprechen wir eine Fallstudie zur Akquisition einer kleinen Gesellschaft. Aus diesem Beispiel können Sie entnehmen, wie die Fehlerquellen der Kommunikation anwachsen können, wenn die Nachrichten komplexer und mehrdeutiger werden. Achten Sie beim Lesen der Diskussion zwischen drei Wissenschaftlern besonders auf folgendes: Wann könnte ein *Unterschied* bestehen zwischen dem, was die Personen sagen, und dem, was sie vielleicht meinen? Überlegen Sie sich, welche Folgen ihre *tatsächlichen* Aussagen haben.

Die übertragene Nachricht: Ein Fallbeispiel[4]

„Critical Care" ist eine multinationale Gesellschaft, die Ausrüstungen für das Gesundheitswesen herstellt. Besonders auf den Gebieten der Handgeräte für die Blutanalytik und der ambulanten und stationären Blutgaskontrolle ist der Umsatz steigend. Die Unternehmensphilosophie besteht unter anderem darin, die Gesellschaft durch Akquisitionen zu erweitern. Als es offensichtlich wurde, daß Biosensoren für die hergestellten Geräte in der Zukunft eine Schlüsselrolle spielen werden, begann das Management daher, eine kleinere Gesellschaft zu suchen, die das Know-how von Critical Care sinnvoll ergänzen könnte.

„Gene-Chip" ging Mitte der achtziger Jahre aus einem akademischen Institut hervor und war eine der ersten kommerziellen Forschungseinrichtungen auf dem Gebiet der Biosensoren. Zwischen 1986 und 1989 nahm die Gesellschaft fast 30 Millionen Dollar Risikokapital auf und arbeitete in einem Joint-venture („Pro-Gene") mit einer Chemiefirma zusammen, deren Management an einer Erweiterung des Produktspektrums auf medizinische Geräte interessiert war. Nach der Bildung des Joint-venture entschied ein Trendbeobachter von Critical Care, daß die Entwicklung von Gene-Chip weiter verfolgt werden sollte. Kurz danach wurde bei Critical Care ein Abkommen zur Akquisition von Gene-Chip ausgearbeitet.

1991 trafen sich der Gründer von Gene-Chip, Jonathan Albright, und zwei Manager der zentralen Forschungsabteilung von Critical Care, Warren Farrell und Howard Bond, um die geplante Zusammenarbeit beider Gesellschaften zu diskutieren. Warren war zu dieser Zeit stellvertretender Direktor der F&E auf den Gebieten Blutchemie und Blutgase, Howard war sein Leiter der klinischen Forschung. Zunächst wurde über die organisatorische Struktur gesprochen:

Warren:

Bei Critical Care teilen wir die stationäre und ambulante Ausrüstung entsprechend der menschlichen Anatomie – insbesondere der wichtigsten Organsysteme – ein; unsere Organisation folgt diesen Vorgaben. Auf jedem Gebiet haben wir Direktoren der präklinischen und der klinischen Forschung.

„Projekt" nennen wir die Entwicklungsphase der Geräteherstellung. Als „Programm" bezeichnen wir die reine Forschungsphase. Jede Abteilung hat einen Leiter; der Direktor des präklinischen Bereichs koordiniert alle Programme. Gegenwärtig laufen 10 Forschungsprogramme auf den Gebieten der Blutchemie und der Blutgase.

Sind die Forschungsarbeiten zu einem bestimmten Gerät abgeschlossen, dann entscheidet das zentrale Management, ob das Thema vom Programm- in den Projektstatus überführt werden soll. Wenn ja, gibt es einen Projektmanager, der das nächste Stadium der technischen Entwicklung und klinischen Tests leitet.

Howard:

Innerhalb der Struktur von Critical Care sind es, denke ich, die Forschungsprogramme, die Wissenschaftlern am wahrscheinlichsten lohnende und befriedigende Erfahrungen ermöglichen. Ist ein Programm einmal zum Projekt geworden, ist viel strukturierte, routinemäßige Entwicklungsarbeit zu leisten.

Warren:

Meiner Meinung nach ist die Struktur von Critical Care sehr vorteilhaft: Die „große Masse" der zentralen F&E wird in kleinere Teilbereiche aufgetrennt. Die Projektmanager unterstehen den Direktoren der Bereiche des jeweiligen Organsystems; das ist ein typischer Matrixaufbau. In jedem Projektteam arbeitet ein Vertreter der Unternehmensplanung mit, der dem Direktor des Projektmanagements direkt unterstellt ist.

Jonathan:

Gene-Chip verfolgt eine völlig andere Philosophie der Unternehmensorganisation. In erster Linie ist unsere Herangehensweise sehr unabhängig und frei. Bei uns sind alle Labors offen. Ich habe bemerkt, daß die neuen Gebäude von Critical Care in kleine Räume aufgeteilt sind. Das fördert die räumliche Beschränktheit. Wir bei Gene-Chip haben die Räume geöffnet, es gibt keine räumlichen Einschränkungen. Selbst die Wände der Labors sind gefallen: Bei uns gehen Sie durch die Mitte eines großen Labors statt durch einen Korridor.

Zweitens ist Gene-Chip eine junge und sehr engagierte Gesellschaft. Wir haben keine mittleren Verwaltungsebenen: Leitende Mitarbeiter, die für bestimmte Vorgehensweisen verantwortlich zeichnen, sind dem Präsidenten der Gesellschaft direkt unterstellt. Wir versuchen, eine Reihe von Gruppen aufzubauen, die sich mit demselben Grundproblem beschäftigen. Die Wissenschaftler haben die Möglichkeit zur freien Forschung, aber um sie herum bauen wir eine „kritische Masse" von Mitarbeitern auf, so daß jedes neue Ergebnis schnell weiterverfolgt werden kann.

Warren:

Nun, die Biosensoren werden eine neue Ära für Critical Care und den gesamten medizinischen Gerätebau eröffnen. Das Zusammenspiel von Biologie und Elektronik führt zu neuartigen Produkten; hier brauchen wir Gene-Chip.

Jonathan:

Mein Ziel ist zunächst, Gene-Chips neue Technologien in Critical Care einzubringen, mit unseren Ressourcen zu arbeiten und die Technik voranzubringen, Ihre biologisch orientierten Gruppen auf elektronischem Gebiet zu unterstützen. Critical Care ist traditionell ein Entwicklungsunternehmen: Sie lassen neue Produkte zu, entwickeln sie weiter und bringen sie auf den Markt. Ich denke, Sie treten jetzt in ein sehr interessantes Stadium des Lebenszyklus Ihres Unternehmens ein, dessen kritische Aufgabe im Aufbau echter Forschungskapazität besteht.

Gene-Chip bringt, glaube ich, hervorragende Fähigkeiten in der Forschungsarbeit mit. Durch diese Akquisition wird Critical Care ein großer Schritt vorwärts zu einer neuen technologischen Generation gelingen, der die Position der Gesellschaft in der Entwicklung von Hochtechnologie verbessern und stärken wird.

Howard:

Wir müssen behutsam vorgehen und Wege finden, wie Gene-Chip und Critical Care einander sinnvoll ergänzen können. Auch Critical Care soll sich an innovativer Forschungsarbeit beteiligen. Die meiner Meinung nach ungünstigste denkbare Situation wäre es, wenn die Grundlagenforschung vollständig Gene-Chip überlassen würde und unsere Wissenschaftler mehr und mehr reine Entwicklungsarbeit leisten müßten.

Jonathan:

Ich gebe zu bedenken, daß sich der medizinische Gerätebau als Industriezweig generell auf traditionelle Methoden stützt; ein nicht unwesentlicher Teil der Arbeit von Critical Care besteht in sorgfältigen Prüfverfahren und der Ausarbeitung der Dokumentationen, die von der FDA [*U.S. Food and Drug Administration*, die auch medizinische Geräte kontrolliert] gefordert werden. Das ist vorwiegend Schreibtischarbeit. Natürlich muß das auch erledigt werden, und zwar mit unheimlicher Sorgfalt und großer Genauigkeit. Das wichtigste ist es, bis zu klinischen Versuchen vorzustoßen und die bürokratischen Hürden zu nehmen. Ich glaube, Critical Care kann uns sehr dabei helfen, zu lernen, wie Produkte auf den Markt zu bringen sind.

Warren:

Die Wissenschaftler, die am nachteiligsten vom Lizenzankauf durch Critical Care beeinflußt werden, sind die Biologen – das war auch der Grund der Akquisition von Gene-Chip. Die Biologen werden zu unmittelbaren Konkurrenten. Den Ingenieuren ist es egal, woher die Geräte kommen.

Ich denke aber, daß sich dieser Wettbewerb positiv auswirken wird. Letztlich müssen wir uns alle bewußt sein, daß wir mitten im Konkurrenzkampf stehen. Und dieses Bewußtsein überträgt sich auf die tägliche Arbeit – ob man nun mit einem anderen Unternehmen zu tun hat, mit einem Lizenzagenten oder dieser Akquisition. Unsere Biologen reagieren wohl immer mit der Frage „Wie können wir dieser neuen Herausforderung begegnen?" Der Herausforderung durch Gene-Chip, zum Beispiel.

Jonathan:

Die Vereinigung von Gene-Chip und Critical Care wird sich gestalten wie alle derartigen „Hochzeiten": steinig. Die ersten Streitigkeiten werden vorrangig „Gebietsansprüche" betreffen: Wer ist wofür verantwortlich? Und dann muß es ein Geben und Nehmen im finanziellen Bereich geben. Aber die prinzipiellen Voraussetzungen beider Firmen passen wirklich gut zusammen. Critical Cares wichtigster Markt sind die medizinischen Geräte, aber Sie haben keine eigene Elektronikabteilung. Und wir von Gene-Chip haben noch nie ein Gerät bis zu den klinischen Versuchen gebracht.

Howard:

Bei Gene-Chip gibt es sicher hervorragende Wissenschaftler. Meine einzigen Befürchtungen gehen dahin, ob sie wirklich zu Critical Care passen – vom kulturellen Standpunkt aus gesehen. Das ist nicht ganz einfach. Ich denke, sie werden zur Entwicklung der Kultur von Critical Care beitragen: Letztendlich werden sie zu uns passen, aber unsere Kultur wird eine andere geworden sein.

Jonathan:

Ich sehe es auch so, daß sich die Kultur verändern wird. Wenn Sie Gene-Chip als Gesellschaft akquirieren, bringt dies einen enormen technologischen Schub mit sich. In der Folge *muß* sich die Forschungskultur ebenfalls ändern.

Die Analyse: Gesendete Botschaften, empfangene Botschaften

Bei der Beschreibung der Struktur von Critical Care weisen Warren und Howard – absichtlich oder unabsichtlich, von ihnen selbst bemerkt oder unbemerkt – ausdrücklich auf das beeindruckende Ausmaß der Forschungstätigkeit ihres Unternehmens hin

("10 Programme auf diesem Gebiet"; die Einteilung nach Organsystemen trennt die „große Masse der Forschungseinrichtung" in kleinere Bereiche). Einen Hinweis auf diese stillschweigende Botschaft liefert Jonathans defensive Antwort im Hinblick auf Gene-Chip: „Wir gehen völlig anders vor." Jonathan betrachtet auch die neuen räumlichen Gegebenheiten bei Critical Care kritisch: Sie „fördern Gebietsansprüche". Auch auf anderen Ebenen stellt er die Unterschiede zwischen der F&E bei Critical Care und bei Gene-Chip in den Vordergrund, so bezüglich des Alters, des Engagements und der Bürokratie („eine junge und engagierte Gesellschaft", „keine mittleren Verwaltungsebenen").

Anscheinend ist Warren klar, daß hier ein Problem entstehen könnte; er versucht, die drei Wissenschaftler „unter einen Hut" zu bringen mit der Feststellung, daß Biosensoren „die neue Ära" einleiten und hier Gene-Chip „gebraucht wird". Damit sind sicher alle einverstanden...?

Nicht ganz: In Jonathans Antwort beginnt sich abzuzeichnen, wie er die Akquisition *in Wirklichkeit* sieht. Jonathan glaubt, daß sich Gene-Chip in einer sehr günstigen Ausgangsposition befindet: Die Gesellschaft bringt die erwünschte und benötigte neue Technologie mit. Er betrachtet Critical Care geringschätzig, beschreibt das Unternehmen als „traditionelle Entwicklungsfirma" und zeigt sich nicht sehr beeindruckt vom Forschungspotential; dies kommt besonders zum Ausdruck, als er unterschwellig in Frage stellt, daß Critical Care „echte Forschungskapazitäten" aufbauen kann.

Howard ist beunruhigt. Er rät zum behutsamen Vorgehen; die für ihn „ungünstigste denkbare Situation" – Gene-Chip übernimmt die Forschung, Critical Care leistet ausschließlich Entwicklungsarbeit – entspricht genau dem, was Jonathan beschreibt.

Aber Jonathan gibt nicht klein bei. Seine Kritik an Critical Care formuliert er jetzt als Kritik an der gesamten Gerätebauindustrie, die sich auf „traditionelle" Technologien stütze. Aus Jonathans Sicht liegt der Wert von Critical Care in erster Linie in sorgfältiger Ausführung der „Schreibtischarbeit" und in der Fachkenntnis in klinischen Versuchen.

Warren versucht an dieser Stelle wieder, eine Einigung zu erzielen; zugleich warnt er Jonathan, daß Gene-Chip für die Biologen eine neue „Herausforderung" bedeutet, der man sich stellen und die man „überwinden" muß.

Auf diese Warnung geht Jonathan nicht direkt ein. Er gibt zu, daß der Weg am Anfang „steinig" sein wird, und daß es Diskussionen um „Gebietsansprüche" geben wird. Aber damit will er wahrscheinlich stillschweigend sagen, daß dieses „Gebietsdenken" von Critical Care ausgehen wird – bei Gene-Chip gibt es keine territoriale Konkurrenz, wie Jonathan bereits zu Beginn des Gespräches betonte.

Howard zeigt sich verständlicherweise besorgt darüber, ob die beiden Einrichtungen, Critical Care und Gene-Chip, in kultureller Hinsicht zusammenpassen werden – die Worte Jonathans haben seine Besorgnis noch verstärkt. Aber Jonathan hat das letzte Wort: Seine Botschaft ist, daß Gene-Chip mit seinem „enormen Potential an neuer Technologie" nicht nur die Entwicklung neuer Produkte vorantreiben, sondern auch die Kultur des Unternehmens entscheidend beeinflussen wird.

Wären Sie Zeuge dieser Diskussion gewesen (unmittelbar oder im Nachhinein beim Betrachten einer Videoaufzeichnung), hätten Sie zusätzliche Hinweise darauf gefunden, welche Botschaften hier gesendet und empfangen wurden. Sie hätten die Körpersprache der Beteiligten – Warren und Howard von Critical Care und Jonathan von Gene-Chip – beobachten können, die genauso wie die gesprochenen Worte einige Rückschlüsse zuläßt. Stellen Sie sich folgende Szene vor:

Jonathan hat gerade eine einstündige offizielle Präsentation von Gene-Chip im großen, gut eingerichteten Sitzungssaal von Critical Care hinter sich gebracht. Zu Beginn der Diskussion lehnen die Manager von Critical Care, Howard und Warren, bequem in ihren Sesseln, während Jonathan aufrecht sitzt. Warren, am Kopfende des Tisches, leitet zunächst das Gespräch. Bald hat jedoch Jonathan die Führung übernommen: Er hebt die Stimme beim Sprechen ein wenig und spricht schneller und nachdrücklicher als Warren.

Als Jonathan Critical Care als eine „traditionelle Entwicklungsfirma" bezeichnet, sehen Warren und Howard einander alarmiert an. Howard setzt sich auf und spielt nervös mit seinem Bleistift, dann beugt er sich nach vorn und mahnt Jonathan zur „Vorsicht". Dann richtet sich auch Warren auf; statt dessen lehnt sich Jonathan zurück. Am Schluß des Gesprächs sitzt Jonathan entspannt im Sessel und lächelt Warren und Howard zu, überzeugt davon, daß sie in bezug auf die Bedeutung und die Rolle von Gene-Chip für die Entwicklung von Critical Care nun einer Meinung mit ihm sind.

Der Unterschied zwischen dem, was gesagt wird, und dem, was gemeint ist, sowie die Folgen getroffener Aussagen rufen Störungen der Kommunikation hervor. Die Lösung ist auch hier: Sorgen Sie für Feedback! Stellen Sie Fragen, die die Absichten zu klären helfen; wenden Sie dieselben Techniken an, die bereits weiter oben diskutiert wurden.

Betrachten wir noch ein Beispiel: In (mindestens) einem Stadium einer realen Akquisition eines kleinen, technologisch starken Neulings durch ein großes Unternehmen wurde kein Feedback gesucht. Der Präsident der kleinen Gesellschaft war sich – ähnlich wie Jonathan von Gene-Chip – seiner stärkeren Ausgangsposition sicher und überzeugt davon, daß er an die Spitze des Managements des großen Unternehmens aufsteigen würde. Dessen Management wiederum war jedoch sehr besorgt über den bevorstehenden Rollentausch und stellte einen seiner Leute an die Spitze der kleinen Firma, deren früherer Präsident hingegen in eine wenig einflußreiche Position im Hauptsitz des Unternehmens gedrängt wurde. Das Ergebnis? Viele Wissenschaftler der akquirierten Firma verließen das Unternehmen, in das sie nur auf Grund der Geschicklichkeit ihres früheren Präsidenten gewechselt hatten. Letzterer war mit seiner schwachen Position unzufrieden und kündigte, um eine neues Unternehmen der Hochtechnologie zu gründen. Letztlich kostete der Fehler der Akquisition die große Gesellschaft 300 Millionen Dollar – ein vermeidbarer Verlust, wenn zwischen den Menschen, die hätten zusammenarbeiten sollen, wirkliche Kommunikation stattgefunden hätte.

Der letzte Aspekt der Kommunikation, der hier erklärt werden soll, ist das *Medium*, über welches die Nachricht vermittelt wird.

Das Übertragungsmedium

Wenn wir über Kommunikation in einer Organisation sprechen, denken wir in der Regel an Informationen, die weitergegeben und verarbeitet werden. Kommunikationstheoretiker stellten die These auf, daß es eine direkte Beziehung gibt zwischen der *Unbestimmtheit* einer Aufgabe und der *Menge* an Information, die verarbeitet werden muß, um die Aufgabe zu erfüllen.[5] Ein wichtiges Ziel der Kommunikation innerhalb einer Einrichtung ist es, die Unbestimmtheit der Aufgaben zu reduzieren – durch Sammeln, Verteilen und Austauschen der erforderlichen Information.

Eine neuere These der Kommunikationstheorie besagt, daß nicht nur die *Unbestimmtheit* einer Aufgabe, sondern auch *Mehrdeutigkeiten* die Kommunikation beeinflussen.* Ist die Unbestimmtheit hoch, muß nach mehr Information gesucht werden. Ist die Aufgabe jedoch mehrdeutig, dann ist nicht klar, welche Art von Information gebraucht wird, welche Fragen gestellt werden sollten, welche Datenquellen helfen könnten, um die Mehrdeutigkeit zu reduzieren. Um die Situation soweit zu klären, daß die Gruppe vorwärtskommen und die Aufgabe erfüllen kann, müssen die Mitglieder ihre Sichtweisen austauschen und zu einer Übereinkunft bei der Beurteilung der Sachlage gelangen.

Durch eine Analyse der Kommunikation in mehrdeutigen Situationen fanden die Kommunikationstheoretiker heraus, daß bestimmte Medien die gegenseitige Verständigung begünstigen. Man bezeichnet diese auch als *reiche Medien*: Sie lassen ein unmittelbares Feedback zu, gestatten die Verwendung der natürlichen Sprache und enthalten viele Hinweise auf die Bedeutung der Botschaft.[6] Es ist offensichtlich, daß ein Gespräch von Angesicht zu Angesicht das „reichste" Kommunikationsmedium darstellt, gefolgt vom Telefonieren und „Gesprächen" mit Hilfe interaktiver elektronischer Nachrichtensysteme.

Denken Sie noch einmal an die Fallstudien, die in diesem Kapitel besprochen wurden. Die Situation der Wasserabschaltung war vollkommen eindeutig. Indem Sie den genauen Zeitpunkt der Wartung und die rechtzeitige Information Ihrer Mitarbeiter vergessen haben, haben Sie die Unbestimmtheit der Situation unwissentlich erhöht; dies ist aber nicht mit einer Mehrdeutigkeit verbunden. Es ist völlig klar, welche Information erforderlich ist (der Zeitpunkt der Abschaltung), welche Fragen zu stel-

---

* „Unbestimmtheit" bedeutet in diesem Zusammenhang, daß die Aufgabe nicht eindeutig definiert ist; eine „mehrdeutige" Aufgabe dagegen ist klar definiert, es existieren jedoch mehrere (zunächst gleichwertige) Lösungsmöglichkeiten. (Anm. d. Übers.)

len sind (Welche Auswirkungen auf das Kleintierlabor sind zu erwarten?) und welche Informationsquellen helfen könnten (Sie und das Wartungspersonal).

Die Nachricht vom Besuch der Anlage durch den Aufsichtsrat war nicht so eindeutig, wie die Probleme gezeigt haben, die während des Meetings entstanden sind. Wäre die Information durch eine schriftliche Notiz an alle Mitarbeiter verteilt worden, hätten sich die Kommunikationsstörungen möglicherweise verstärkt.

Schlanke Medien – auf Papier oder mit elektronischen Medien geschriebene Rundschreiben an eine ganze Gruppe – sind im wesentlichen als „Einbahnstraßen" der Nachrichtenübermittlung zu betrachten. Sie sind nützlich für die Verteilung einfacher und routinemäßiger Information. Läßt die Nachricht jedoch mehr als eine Interpretation zu – in der Weise, wie der Besuch des Aufsichtsrates auf mehreren verschiedenen Wegen ausgelegt wurde –, sollte man schlanke Medien *nicht* verwenden. Kommunikationstheoretisch ausgedrückt, können schlanke Medien die Nachricht nicht in ihrer Komplexität erfassen und bieten keine Möglichkeit, Feedback zu geben oder zu empfangen.

Auch am Beispiel der Akquisition des Biosensoren-Herstellers Gene-Chip durch Critical Care läßt sich zeigen, daß das gewählte Medium zur übertragenen Nachricht passen muß. Stellen Sie sich vor, Critical Care hätte allen Mitarbeitern die Akquisition angekündigt. Die Wissenschaftler wären über ihre zukünftige Rolle in der Forschung sehr beunruhigt gewesen. Sollten sie wirklich nur noch in der Entwicklung arbeiten? Sollten sie sich vielleicht nach einer anderen Arbeitsstelle umsehen? Müßten sie vielleicht an einen anderen Ort umziehen? Weitere Fragen fallen Ihnen sicher selbst ein.

Zusammenfassung

Wenn in einer Organisation etwas schiefgeht, werden häufig auch Störungen der Kommunikation verantwortlich gemacht. Tatsächlich kann es Kommunikationsprobleme in F&E geben, wie sie in diesem Kapitel beschrieben wurden, und die mit dem Kommunikationsprozeß, der Nachricht und dem Übertragungsmedium verbunden sind. Ist dies der Fall, dann sollten die Erklärung der Zusammenhänge und die Beispiele für Feedback Ihnen helfen, die Probleme aufzudecken und effektiv zu kommunizieren.

Es soll aber nicht verschwiegen werden, daß es auch andere Ursachen für Störungen im Kommunikationsprozeß geben kann: Heimlichtuerei (Umgehen von Kommunikationskanälen), übertriebene Höflichkeit (niemand stellt etablierte Verfahrensweisen oder die überlieferte „Weisheit" in Frage), Klatsch und Tratsch, Verleumdung, Geheimhaltung. Haben Sie hier eines der Probleme in Ihrer Einrichtung wiedererkannt, dann sollten Sie die Ursachen in der Unternehmenskultur (Kapitel 4) suchen, nicht im Kommunikationsprozeß, den Nachrichten oder den Medien. Hilfreich sowohl zur Effektivierung der Kommunikation als auch bei der Beschäftigung mit der Unternehmenskultur ist es, wenn Sie lernen, Auseinandersetzungen zu führen. Diesem Thema ist das folgende Kapitel gewidmet.

Anmerkungen

1. Dieses Modell wurde aus dem Ansatz von Shannon und Weaver (1949) abgeleitet und wird diskutiert in *Organizational Behaviour* von Gregory Moorhead und Ricky W. Griffin, Houghton-Mifflin, Boston, Massachusetts, 1994.
2. Siehe *Organizational Behaviour and the Practice of Management* von D. R. Hampton, C. E. Summer und R. A. Webber, Scott Foresman, Glenview, Illinois, 1978.
3. Das Phänomen der Differenzierung in Organisationen, das auch im folgenden Kapitel zur Sprache kommt, wurde erstmals von P. Lawrence und J. Lorsch beschrieben in *Organization and Environment*, Harvard University Press, Cambridge, Massachusetts, 1967.
4. Diese Fallstudie ist erfunden. Nicht eine Ähnlichkeit mit bestimmten Personen und bestimmten Einrichtungen, sondern eine Verallgemeinerung ihrer Eigenschaften ist beabsichtigt.
5. Siehe zum Beispiel „Organization Design: An Information Processing View" von Jay Galbraith, *Interfaces*, Mai 1974
6. R. Lengel und R. Daft, „The Selection of Communication Media as an Executive Skill", *The Academy of Management Executive 2* (1988) 225-232

7 Konflikte bewältigen

Es gibt keine Organisation ohne Konflikte. Aber nicht jede Meinungsverschiedenheit ist ein wirklicher Konflikt! Wie in den Kapiteln vier und fünf diskutiert wurde, sind Aufrichtigkeit und gegenseitige Herausforderung Kennzeichen einer kreativen Forschungs- und Entwicklungseinrichtung – und Herausforderung und Offenheit bringen *unvermeidlich* Dispute und Meinungsverschiedenheiten mit sich.

Der echte Konflikt, dem wir uns in diesem Kapitel zuwenden wollen, ist eine Meinungsverschiedenheit, die die Arbeit buchstäblich blockiert. Echte Konflikte erzeugen Unentschlossenheit, Unsicherheit, Angst, Frustration und oft sogar Wut. Im Gegensatz dazu werden Meinungsverschiedenheiten, die in einem Klima intellektueller Herausforderung entstehen, leidenschaftlich und erregt ausgetragen. In einer wirklichen Konfliktsituation verbrauchen die Menschen einen Großteil ihrer Energie nicht für ihre Arbeit, sondern bei dem Versuch, mit ihren Emotionen fertigzuwerden. (Durch gesunde Meinungsverschiedenheiten werden die Anstrengungen verdoppelt, nicht verringert.) Aus diesem Grund kommt es beim Umgang mit Konflikten auf Ihre Geschicklichkeit und die Wirksamkeit Ihrer Maßnahmen an. Dazu müssen Sie zunächst die Ursache des Konfliktes erkennen. Es hat wenig Sinn, einzugreifen, bevor Sie wenigstens bis zu einem gewissen Grade überzeugt sind, daß Ihre Lösung wirklich das Problem beseitigen könne. Ohne intelligente Diagnose gehen Sie das Risiko ein, eine ohnehin schwierige Situation noch zu komplizieren.

Abgesehen von der *Macht* – man hat sie oder man hat sie nicht, oder sie ist bedroht – gibt es eine Reihe anderer Konfliktquellen. Wie in Kapitel 1 betont, geht dieses Buch von der (reichlich kühnen) Annahme aus, daß jeder Mitarbeiter in F&E mit der Strategie seiner Einrichtung und ihren Konsequenzen einverstanden ist. Wir wollen daher nicht näher auf die Macht als Quelle von Konflikten eingehen. Das folgende Kapitel stellt statt dessen vier andere mögliche Ursachen von Konflikten in F&E (und jeder anderen Organisation) zur Diskussion und geht auf die effektivste Methode zur Lösung von Konflikten – die kompromißbereite Auseinandersetzung – ein. Sie sollen lernen, Auseinandersetzungen wirksam zu führen, und so zu einem effektiven Umgang mit Konfliktsituationen befähigt werden. Kurze Skizzen unter Verwendung der Personen, die Ihnen aus den Fallstudien der anderen Kapitel bereits bekannt sind, können ihnen dabei helfen.

Mögliche Konfliktherde

Der Begriff *Konflikt* stammt – wie auch das Wort *Strategie* – aus der Terminologie des Militärwesens und bedeutet den Zusammenstoß feindlicher Kräfte. Ein Konflikt beinhaltet eine Differenz; die wichtigsten Quellen von Differenzen sind in jeder Organisation auch die wichtigsten potentiellen Konfliktherde.

Dabei soll betont werden, daß dies *potentielle Quellen* von Konflikten sind; nicht jede Differenz entwickelt sich zu einem Konflikt. Unsere Diskussion beschränkt sich auf solche Differenzen, die in keiner Organisation ausbleiben und sich mit gewisser Wahrscheinlichkeit zu Konflikten ausweiten *können*. Die Ursachen von Differenzen in Forschung und Entwicklung lassen sich nicht vollständig beseitigen. Wenn Sie jedoch wissen, wo Sie aufpassen und worauf Sie achten müssen, haben Sie es leichter, wirkliche Konflikte zu diagnostizieren und geeignet zu „behandeln".

Die Quellen von Differenzen, die es in jeder Forschungseinrichtung gibt, lassen sich in a) individuelle und b) organisatorische einteilen. Zu den Ursachen individueller Differenzen gehören die Persönlichkeit jedes Einzelnen und die Mannigfaltigkeit der menschlichen Persönlichkeiten; organisatorische Differenzen können aus der gegenseitigen Abhängigkeit von Aufgaben und der Differenzierung der Organisation erwachsen. Jeder dieser Faktoren wird im folgenden beschrieben.

Individuelle Differenzen

Persönlichkeit: Die erste Quelle von Differenzen und potentiellen Konflikten sind die primären arbeitsbezogenen Bedürfnisse (nach Macht, Leistung und Harmonie) und, damit verbunden, die Führungsstile (aufgaben- oder beziehungsorientiert) von Ihnen und Ihren Kollegen. Die Gründe hierfür wurden bereits in Kapitel 3 angedeutet: Die Art und Weise, wie Sie andere anregen und führen – bei der Arbeit, in Entscheidungssituationen und bei der Lösung von Problemen – wird weitgehend von den oben genannten Faktoren Ihrer Persönlichkeit (das heißt, den menschlichen Aspekten Ihrer persönlichen Fähigkeiten) bestimmt. Ebenso wird die Art und Weise der Kommunikation und der Bewältigung von Auseinandersetzungen durch diese beiden Faktoren Ihrer Persönlichkeit bestimmt.

Unterschiede in der Persönlichkeit einzelner können zu Konflikten führen: Menschen reagieren möglicherweise völlig unterschiedlich auf einen bestimmten Sachverhalt (sie empfinden ihn und verhalten sich jedoch entsprechend der menschlichen Aspekte ihrer jeweiligen persönlichen Fähigkeiten). Ist Ihr Bedürfnis nach Macht hoch und Ihr Führungsstil aufgabenorientiert, dann nehmen Sie Ihre Umgebung anders wahr als ein Kollege, dessen hohes Bedürfnis nach Harmonie mit einem beziehungsorientierten Führungsstil verbunden ist. Entsprechend unterscheiden Sie sich auch in der Reaktion auf Vorgänge und Probleme. Was Sie oder ein Mitarbeiter bei einem anderen Menschen im ersten Moment vielleicht für Halsstarrigkeit oder absichtliche Ignoranz und Mißachtung halten, ist eventuell nur ein Ausdruck dieser Unterschiede. Wenn man dies nicht erkennt und Wahrnehmung und Verhalten anderer für absichtliche Mißachtung der „Wahrheit" hält, kommt es zum Konflikt.

Mannigfaltigkeit: Außer in der Persönlichkeit unterscheiden sich die Menschen voneinander auch im Geschlecht, in der Rasse, der ethnischen Abstammung und dem Alter (das sind die „greifbaren", ins Auge fallenden Unterschiede) sowie in ihrer Ausbildung, Erfahrungswelt, Religion, ihren politischen Überzeugungen und ähnlichem. In unserer Zeit wird „Political Correctness" großgeschrieben; es ist also ratsam und auch notwendig, diese Unterschiede zu würdigen, weil sie unterschiedliche Sichtweisen hervorbringen, die die Leistungsfähigkeit der Gesellschaft steigern können.

Durch diese Mannigfaltigkeit entwickeln sich jedoch auch Wertvorstellungen und Glaubensgrundsätze über Klassen oder einzelne Menschen, die in Vorurteile umschlagen können. Jeder Mensch besitzt einen eigenen Maßstab der Werte, Vorstellungen darüber, wie sich eine bestimmte Gruppe von Individuen verhalten sollte. Sie sind Teil der menschlichen Fähigkeit, Muster zu erkennen und aus Ähnlichkeiten Schlüsse zu ziehen.[1] Wertvorstellungen, die sich in Vorurteile verwandelt haben – über Frauen, Asiaten, ältere Mitarbeiter, ... – sind jedoch sehr wahrscheinliche Ursachen von Konflikten. Der einzelne, der sich ein Vorurteil gebildet hat – etwa „ältere Forscher können mit der modernen Wissenschaft nicht mehr Schritt halten" – ist vorbelastet, wenn er Mitgliedern dieser Gruppe gegenübertritt: Er behandelt sie dann so, als ob sie seinem Vorurteil entsprächen, in unserem Beispiel so, als ob sie *wirklich* den Anschluß an die modernen Methoden verloren hätten. Und weiter: Menschen mit Vorurteilen nehmen nur selten Widersprüche gegen ihr Wertsystem zu Kenntnis; im Gegenteil, sie „sichern" ihr Vorurteil „ab", um Ausnahmen auszuschließen. So ordnen sie einen älteren Wissenschaftler, der in der ersten Reihe seines Forschungsgebietes steht (und damit dem Vorurteil widerspricht), einer anderen Gruppe zu – vielleicht der der „MIT-Mitarbeiter".*

Mannigfaltigkeit und Vorurteile sind nicht auf Geschlecht, Rasse, ethnische Abstammung oder Alter beschränkt. Manche Leute entwickeln Vorurteile gegen Forscher aus akademischen (im Gegensatz zu industriellen) Einrichtungen, Absolventen von Fachhochschulen (im Gegensatz zu Universitäten), Demokraten, Mormonen, Vertriebsmitarbeiter, Einwohner bestimmter Landstriche und so weiter. Es soll noch einmal betont werden: Glaubensgrundsätze („Die Forschungsarbeit akademischer Wissenschaftler ist frei von kommerziellen Zwängen.") lassen sich nicht vermeiden. Werden die Grundsätze aber zum Vorurteil gegenüber allen Individuen einer Gruppe und richtet sich das Verhalten dann nach diesen Vorurteilen, ist der Konflikt vorprogrammiert.

Organisatorische Differenzen

Gegenseitige Abhängigkeit einzelner Aufgaben: Die Struktur der Tätigkeit in Forschung und Entwicklung beinhaltet eine Reihe gegenseitiger Abhängigkeiten und Wechselbeziehungen von Aufgaben; dies ist eine Quelle von Differenzen und damit ein potentieller Konfliktherd. Wie die Persönlichkeit und die Mannigfaltigkeit der Individuen ist die Abhängigkeit von Aufgaben nicht „abzuschaffen"; sie führt jedoch mit großer Wahrscheinlichkeit von Zeit zu Zeit zum Konflikt.

Es gibt drei Typen der gegenseitigen Abhängigkeit von Aufgaben.[2] Unter *sequentieller Abhängigkeit* versteht man, daß Aufgabe A beendet sein muß, bevor Aufgabe B in Angriff genommen werden kann, B wiederum muß abgeschlossen sein, bevor die Arbeit an C beginnen kann, und so weiter. Betrachten wir dies an einem Beispiel aus der pharmazeutischen Industrie: Wirkstofforschung (A), vorklinische Entwicklung (B), klinische Versuche (C), Herstellung (D), Marketing (E) und Verkauf (F) sind sequentiell voneinander abhängig. Erst muß der Wirkstoff entdeckt werden (A); dann kann er in der vorklinischen Entwicklung (B) und anschließend in klinischen Tests (C) erprobt werden; die Reihe setzt sich bis zum Verkauf (F) fort.

Konflikte entstehen bei dieser Art gegenseitiger Abhängigkeit von Aufgaben vorrangig dann, wenn sich der Abschluß eines Teilschrittes verzögert, das Ergebnis eines Teilschrittes nicht von der Qualität ist, wie es die Mitarbeiter im folgenden Schritt erwarten, oder wenn Informationen zum Produkt unvollständig oder in unzureichendem Maße von einem Schritt zum nächsten weitergereicht werden. In F&E-Einrichtungen erhöhen diese Konfliktquellen die Bedeutung einer effizienten und effektiven Projektübergabe (Details hierzu finden Sie in Kapitel 8).

Der zweite Typ wird als *kollektive Abhängigkeit* bezeichnet: Eine Reihe von Aufgaben, die eine *Eingabe* liefern, müssen beendet sein, ehe die Aufgaben beginnen können, die eine *Ausgabe* erzeugen. Diese Art von Abhängigkeit findet man oft bei „vermittelnden" Tätigkeiten – Tätigkeiten, die den Kunden mit einem gewünschten „Produkt" verbinden, wie etwa das Kreditgeschäft einer Bank. Selbstverständlich sind zunächst „Eingaben" wie Kapitalansammlung und Investitionen erforderlich; erst dann können „Ausgaben" erfolgen, zum Beispiel Darlehen gewährt werden. In der pharmazeutischen Industrie tritt die kollektive Abhängigkeit von Aufgaben innerhalb des Teilschritts der klinischen Versuche auf. Eine Vielzahl von Produkt- und Patienteninformationen von medizinischen Versuchszentren muß geliefert und vom Firmenpersonal verarbeitet werden (Eingabe), bevor die erforderlichen Unterlagen erstellt werden können (Ausgabe).

Bei kollektiven Abhängigkeiten treten mit großer Wahrscheinlichkeit Konflikte auf, wenn Eingaben in nicht standardgemäßer Form erfolgen, die Eingaben nicht ausreichen, um die gewünschte Ausgabe zu erzielen, oder wenn die Eingaben inkonsistent verarbeitet werden, so daß auch die Qualität der Ausgabe inkonsistent ist. Um diesen Problemen zu begegnen, müssen sowohl Ein- als auch Ausgabe streng standardisiert werden; es ist für eine hinreichende Menge an Eingaben zu sorgen, um die gewünschte Ausgabe zu sichern.

Eine *wechselseitige Abhängigkeit* von Aufgaben schließlich liegt vor, wenn die Ausgabe einer Aufgabe (X) Eingabe einer anderen Aufgabe (Y) und gleichzeitig die Ausgabe von Y Eingabe für X ist. In der pharmazeutischen F&E findet man eine derartige Konstellation häufig während der Forschungsphase. Ein Beispiel: Aus der magnetischen Resonanzspektroskopie einer Verbindung (Aufgabe X) ergibt sich eine Molekülstruktur, die ihrerseits dem Synthetiker (Aufgabe Y) als Eingabe dient; dieser stellt eine neue Verbindung her, die wieder als Eingabe für die Spektroskopie dient. Dieser iterative, wechselseitige Prozeß wird so lange fortgesetzt, bis die Struktur der Verbindung den Erwartungen entspricht. (Natürlich kann durch weitere Tests innerhalb der folgenden, sequentiell abhängigen Schritte diese wechselseitige Prozedur wiederum angefordert werden, bis die Forscher davon überzeugt sind, daß die Struktur wirklich „stimmt".)

Konflikte bei wechselseitiger Abhängigkeit können entstehen, wenn eine der Ausgaben verzögert eintrifft oder den Qualitätsanforderungen nicht entspricht, oder wenn der Wechsel zwischen den Aufgaben mit unvollständigem oder unzureichendem Feedback erfolgt. Beachten Sie, daß die Konfliktherde im Prinzip mit denen übereinstimmen, die für den Fall sequentieller Abhängigkeit bereits genannt wurden. Die Intensität des Konflikts ist hier aber wesentlich höher: Es gibt weniger „Pausen" (Puffer) im Arbeitsablauf. Daher ist die wechselseitige Abhängigkeit von Aufgaben der konfliktanfälligste der drei genannten Typen in Einrichtungen der Forschung und Entwicklung. Zur Vorbeugung sollte man darauf achten, daß sich wechselseitig abhängige Aufgaben möglichst in räumlicher Nähe erledigen lassen und daß sich die beteiligten Mitarbeiter über die erforderliche Qualität der Ausgaben einigen. Zur Sicherung sinnvollen Feedbacks sollten alle Beteiligten die Grundlagen beider Arbeitsbereiche verstehen.

Differenzierung der Organisation: Einrichtungen der Forschung und Entwicklung sind das, was die Theoretiker als „komplexe Organisationen" bezeichnen; aufgrund ihrer Komplexität ist ihre Struktur *differenziert*, das bedeutet, eingeteilt nach Disziplinen, Fachrichtungen, Fähigkeiten und Funktionen.[3] Wie in den Kapiteln 1 und 6 bereits beschrieben wurde, steht hinter jeder Disziplin, Fachrichtung, Fähigkeit und Funktion eine Gruppe von Menschen mit gleicher Ausbildung, gleicher Erfahrungswelt und gemeinsamer (Fach-) Sprache. Genau diese Eigenschaften sind es, die eine bestimmte Gruppe von allen anderen unterscheiden. So stellt letztlich jeder der verschiedenen Teile einer F&E-Einrichtung für sich eine potentielle Quelle von Konflikten dar.

Wie auch die Unterschiede zwischen einzelnen Persönlichkeiten bewirkt die Differenzierung der Organisation, daß jede Gruppe eine eigene „Welt"-Sicht entwickelt und daher in spezifischer Weise auf bestimmte Sachverhalte reagiert. Es gibt eine Unzahl amüsanter (und einige gar nicht lustige) Anekdoten über die Unterschiede zwischen Chemikern und Biologen, zwischen Ärzten in Forschung und Klinikalltag, Forschern in der Industrie und an Universitäten, Hardware- und Softwareentwicklern und anderen. Auch in allen diesen Fällen gilt: Was man vielleicht als unnachgiebiges oder starrköpfiges Verhalten eines Kollegen empfindet, spiegelt eventuell nur die Differenziertheit der Organisation wieder. Keine einzelne Disziplin reicht aus; alle sind erforderlich, um die Arbeit bewältigen zu können. Die Differenziertheit erschwert es jedoch, Teamwork und Kooperation in F&E durchzusetzen (siehe dazu auch Kapitel 8).

Konfliktlösung

Als effektivste Methode, Konflikte anzugehen, die sich aus den vier genannten Quellen von Differenzen und durch Machtfragen in F&E ergeben können, hat sich die Auseinandersetzung erwiesen. Es gibt auch andere Techniken zur Lösung von Konflikten, wie Schlichtung, Kompromiß, Zwang oder Umgehen des Problems. Die Auseinandersetzung ist jedoch das einzige Mittel, durch das man verhindern kann, daß Unentschlossenheit, Unsicherheit, Furcht oder Ärger latent vorhanden bleiben und damit die Leistungsfähigkeit der Organisation beeinträchtigen.[4]

Wenn Menschen den Begriff „Auseinandersetzung" hören oder lesen, entsteht vor ihrem geistigen Auge in der Regel ein Bild zweier hitzig streitender Kampfhähne mit roten Köpfen. Sicherlich, in dem Verb „sich auseinandersetzen" steckt auch die Bedeutung „einander beschuldigen". In diesem Kapitel verstehen wir „Auseinandersetzung" jedoch eher so, wie es dem alten französischen Wortstamm des Synonyms „Konfrontation" entspricht: als Suche nach einer gemeinsamen „Front". Ihre Fähigkeit, eine Auseinandersetzung effektiv zu führen, hängt im wesentlichen von Ihrer Fähigkeit ab, diese gemeinsame Linie mit der anderen beteiligten Person zu finden.*
Sehr wichtig ist diese Fähigkeit für ein erfolgreiches Projektmanagement (Kapitel 8) und für Erfolge bei der Durchsetzung von Veränderungen (Kapitel 9).

Sich effektiv mit einem Gegner auseinanderzusetzen, ist nicht trivial; Sie müssen dabei mit Ihren Emotionen fertigwerden. Eine gemeinsame Linie zu finden erfordert, daß Sie in die Tiefe gehen, sondieren, erforschen und nach Gemeinsamkeiten mit Ihrem Gegner suchen. Diese Sondierung und Erkundung wiederum kann nur erfolgreich sein, wenn Sie Ihre eigenen Gefühle, Empfindungen, Emotionen und Gedanken ebenso akzeptieren wie die Ihres Gegners.

Im folgenden werden einige einfache Richtlinien für die effektive Konfrontation beschrieben, die der gesunde Menschenverstand vorgibt. Anschließend werden einige

---

* Für diese prinzipielle Art der Auseinandersetzung (die gemeinsame Suche nach einem beiderseitig akzeptablen Konsens) wurde auch der Begriff „niederlagelose Konfliktbewältigung" geprägt; vgl. Thomas Gordon, *Familienkonferenz*, Wilhelm Heyne Verlag, München 1989. (Anm. d. Übers.)

Fallstudien zu Konfrontationsszenarien und Dialogen unter Verwendung Ihnen bereits bekannter Darsteller diskutiert. Sie sollen Ihnen beim Umgang mit Auseinandersetzungen helfen.

Richtlinien: Wie führt man eine Auseinandersetzung?

Kennen Sie sich selbst? Wenn Sie lernen wollen, Auseinandersetzungen effektiv zu führen, müssen Sie zunächst Ihre eigene Persönlichkeit – Ihre arbeitsbezogenen Bedürfnisse (Kapitel 2) und Ihren Führungsstil (Kapitel 3) – durchschauen. Für die Konfrontation können Sie Rückschlüsse folgender Art ziehen: Neigen Sie generell dazu, sich auf die Aufgabe zu konzentrieren, dann sollten Sie darauf achten, die Gefühle – Ihre und die Ihres Gegners – nicht unterzubewerten. Konzentrieren Sie sich in erster Linie auf Beziehungen, dann sollten Sie darauf achten, solche Streitfragen nicht auszusparen, die Ihren Gegner (und damit auch Sie selbst) vielleicht verletzen können.

Überlegen Sie sich eine Tagesordnung! Daß Sie eine Liste der zu erledigenden Punkte aufstellen, spricht dafür, daß Sie a) darüber nachgedacht haben, welche Folgen sich im Laufe der Auseinandersetzung ergeben können, und b) einen Plan haben, der sich auf Ihre Überlegungen gründet. Diese Tagesordnung können Sie

- im Vorfeld des Gesprächs schreiben und verteilen,
- schriftlich festhalten und bei dem Treffen verteilen,
- zu Beginn des Treffens mündlich bekanntgeben oder
- im Kopf haben.

Welche dieser Taktiken Sie anwenden, entscheidet die reale Situation. Wenn Sie im Vorfeld des Gespräches eine Tagesordnung verteilen, ist darin stillschweigend die Botschaft (siehe Kapitel 6) enthalten, daß Ihr Gesprächspartner sich auf das Treffen vorbereiten soll. Geben Sie die Tagesordnung beim Treffen bekannt – mündlich oder schriftlich –, dann haben Sie die Möglichkeit, Schwerpunkte und Reihenfolge der Diskussion zu bestimmen; in manchen Fällen ist das hilfreich. Gelegentlich ist es angebracht, den Gegner zu überrumpeln, wenn Sie denken, daß Sie auf diese Weise schneller zu einer gemeinsamen Linie finden.

Die Tagesordnung im Kopf zu haben, empfiehlt sich in den folgenden Situationen: Sie kennen die andere Person sehr gut; es handelt sich um eine Angelegenheit von geringerer Bedeutung; Sie wollen die andere Person überrumpeln, da Sie denken, so schneller zu den Ursachen des Problems vorzustoßen.

Proben Sie die Auseinandersetzung! Eine Voraussetzung effektiver Konfrontation ist, daß Sie die möglichen Konstellationen durchdenken. Im günstigsten Fall stimmt

Ihnen Ihr Gesprächspartner sofort zu, und Sie finden leicht eine Lösung. Im wahrscheinlichsten Fall bringt der Gegner eine Reihe von Argumenten vor, denen Sie sich stellen müssen. Der ungünstigste Fall tritt ein, wenn Ihr Gegner „in die Luft geht" und Sie mit starken Emotionen fertigwerden müssen.

Aus dem Überdenken der Konfrontation können Sie viel lernen. Ein prominenter Theoretiker der Lernens drückte es so aus: „Mentales Proben ... bringt Routine."[5] Die geistigen Proben tragen also dazu bei, daß Sie Konfrontationen effektiv bewältigen können.

Wählen Sie einen geeigneten Ort. Wenn Sie das Zusammentreffen planen, sollten Sie überlegen, welche Botschaft in der Wahl des Ortes enthalten ist: Treffen Sie sich in Ihrem Büro (Sie haben die Kontrolle), im Büro des Gesprächspartners (Sie gewähren dem Gegner den Heimvorteil), oder auf neutralem Boden? Denken Sie, bevor Sie ein Treffen anberaumen – in Ihrem Büro, im Büro des Gegners, in einem Sitzungszimmer oder in der Kantine –, darüber nach, wie sich die Wahl des Ortes auswirken könnte, und beziehen Sie diese Überlegungen in Ihre geistige Probe ein.

Wählen Sie Ihr Büro, dann übermitteln Sie gleichzeitig die Botschaft, daß Sie die Situation unter Kontrolle behalten (beherrschen) wollen. Wählen Sie das Büro des Gegners, dann bedeutet dies, daß Sie sich und Ihren Gesprächspartner als gleichberechtigt ansehen. Soll das Treffen im Sitzungszimmer stattfinden, dann handelt es sich um eine sehr ernste Angelegenheit; treffen Sie sich in der Kantine, ist die Auseinandersetzung weniger ernsthaft.

Szenarien

Die ersten beiden Szenarien wurden aus der Fallstudie in Kapitel 6 – dem Meeting zur Bekanntgabe des Besuches von Aufsichtsratsmitgliedern – entwickelt. Eine der Kommunikationsstörungen, die dort eine Rolle spielten, war *Mißtrauen gegenüber dem Sender*. Ihre Ursache ist die Verschiedenartigkeit der Erfahrungswelt der Beteiligten, eine mögliche Quelle von Differenzen. Der Manager, der in dieser Studie die Hauptrolle spielte, war von einer universitären Einrichtung in die Industrie gekommen. Mindestens einer seiner Mitarbeiter begegnete ihm offensichtlich mit dem Vorurteil, er sei ein Wissenschaftler „aus dem Elfenbeinturm".

Unterschiede in der Erfahrungswelt als Konfliktquelle: Sie („Dr. A") haben bereits einige Wochen lang beobachtet, daß sich eine Mitarbeiterin nicht an Ihre Pläne für die Organisation gebunden fühlt. Ihrer Zukunftsvision steht sie zynisch gegenüber, viele Ihrer Behauptungen widerlegt sie hinter Ihrem Rücken, bei Zusammenkünften spricht sie sich gegen die von Ihnen vorgesehene strategische Richtung aus. Noch schlimmer ist es, daß sie mit ihrem Zynismus einige Wissenschaftler anzustekken beginnt, die vorher begeistert mitgearbeitet haben. Seit ihrer Promotion hat sie in der Industrie gearbeitet; Wissenschaftlern, die von Universitäten kommen, begegnet sie anscheinend mit Vorurteilen. Sie haben dies als potentielle Konfliktquelle erkannt und beschlossen, die Mitarbeiterin in Ihr Büro einzuladen, um sich mit ihr auseinanderzusetzen. Sie entscheiden sich, die Tagesordnung im Kopf zu haben.

Dr. A:

Danke, daß Sie heute nachmittag Zeit gefunden haben, sich mit mir zu treffen. Ich möchte mit Ihnen über meine Besorgnis über die Art und Weise unserer Zusammenarbeit sprechen. Ich meine, Sie sind nicht überzeugt davon, daß ich diese Einrichtung führen kann.

Dr. B:

Warum denken Sie so etwas? Ich habe nie behauptet, daß Sie nicht ausreichend qualifiziert sind...

Dr. A:

Nein, das haben Sie nicht behauptet, aber für mich ist nicht zu übersehen, daß Sie von meinen Plänen für diese Gruppe nicht gerade begeistert sind. Ich frage mich, ob Sie etwas gegen mich persönlich haben oder allgemein gegen Wissenschaftler von Universitäten, die in die Industrie kommen?

Dr. B:

Ich weiß, Sie haben die richtigen Abschlüsse und wissenschaftlichen Erfahrungen, aber von den Mechanismen der F&E in einem Unternehmen verstehen Sie nicht viel. Hier geht es nicht zu wie an der Universität, wo man sich mit einem Problem beschäftigen kann, weil es interessant erscheint, und sich keine Gedanken über die wirtschaftlichen Folgen machen muß.

Dr. A:

Nun, ich denke, da hat sich in der universitären Forschung eine Menge verändert, was Sie vielleicht nicht einschätzen können. Ich habe mich immer dafür interessiert, wie meine Forschungsergebnisse in der Praxis angewendet werden können, und ich habe einen Großteil meiner Arbeit durch Mittel aus der Wirtschaft finanziert. Ich kann die wirtschaftlichen Konsequenzen unserer Arbeit hier also durchaus verstehen.
    Aber mir ist auch klar, daß Sie in der Industrie bereits viele Erfahrungen

gesammelt haben, auf die ich zur Erweiterung unserer Fähigkeiten gern zurückgreifen würde. Aber Sie scheinen keine Lust zu haben, sich in positiver Weise an den Diskussionen in unserer Gruppe zu beteiligen.

Dr. B:

Es war mir gar nicht bewußt, daß ich keinen Beitrag leiste...

Dr. A:

Ich habe folgendes beobachtet: Sie reagieren – vielleicht unabsichtlich – sehr zynisch auf meine Vorschläge, schlagen sie ohne ausreichenden Grund nieder, streiten mit mir, ohne Alternativen zu nennen. Und es ist beunruhigend und sehr ärgerlich, daß inzwischen andere Mitglieder unserer Gruppe, die ursprünglich begeistert mitgearbeitet haben, mit der beabsichtigten Umstrukturierung anscheinend nicht mehr so einverstanden sind. Ich bin mir sicher, daß Sie meine Position nicht absichtlich untergraben wollen. Sie unterschätzen aber vielleicht den Einfluß, den Sie – durch Ihren großen Erfahrungsschatz – auf Ihre Mitarbeiter ausüben. Und genau diese Erfahrungen würde ich gern für die gesamte Gruppe nutzbar machen.

Der Manager, Dr. A, würde jetzt weiter auf die Unterschiede zwischen akademischer und industrieller Erfahrung eingehen, über die mögliche Bildung von Vorurteilen sprechen und dabei immer auf die Linie gemeinsamen Interesses – den Nutzen für die gesamte Einrichtung – zurückkommen. Beachten Sie, daß der Manager der Mitarbeiterin deutlich vor Augen führt, daß ihr Verhalten schädlich für die Gruppe ist und nicht nur unbequem für ihn als Manager. Er gibt ihr die Möglichkeit einzugestehen, daß sie die Auswirkungen ihres Verhaltens auf die Gruppe bisher nicht wahrgenommen hatte.

Im schlimmsten Fall könnte die Mitarbeiterin versuchen, die Bemühungen des Managers zu hintertreiben. Die oben beschriebene Auseinandersetzung hätte dann den Zweck erfüllt, die Mitarbeiterin darauf hinzuweisen, daß ihr Verhalten nicht hingenommen wird. Der Manager müßte möglicherweise eine erneute Zusammenkunft mit schriftlich oder mündlich bekanntgegebener Tagesordnung herbeiführen und eventuell einen Vermittler hinzuziehen, um entweder der Mitarbeiterin zu helfen, ihre Meinung zu ändern, oder für sie eine Position in einer anderen Arbeitsgruppe zu finden.

Differenzierung der Organisation als Konfliktquelle: Im zweiten Szenario wollen wir uns einem anderen Problem zuwenden, dem *defensiven Verhalten*; seine Ursache war die organisatorische Differenzierung zwischen Produktionsingenieuren und den Arbeitsgruppen des Anlagenprototyps.

Erst während des Treffens zur Bekanntgabe des offiziellen Besuchs der Versuchsanlage ist Ihnen („Dr. A") aufgefallen, daß der Manager der Produktion („Dr. C") glaubt, seine Arbeitsgruppe von Produktionsingenieuren rechtfertigen zu müssen. In den nächsten Tagen denken Sie darüber nach; Sie erkennen, daß der Manager aus der Produktion glaubt, daß die Mitarbeiter der Versuchsanlage bevorzugt werden, weil sie mit der aktuellsten Technik arbeiten. Die Ingenieure der Versuchsanlage verstärken diesen Eindruck noch; sie scheinen sich überhaupt nicht um praktische Fragen der Herstellung zu kümmern, die jedoch das Hauptarbeitsgebiet des Produktionsmanagers darstellen. Sie bitten darum, Dr. C, den Manager der Produktion, in seinem Büro aufsuchen zu dürfen; die Tagesordnung haben Sie im Kopf.

Dr. A:

Ich wollte Ihnen nur sagen, wie sehr ich Ihre Arbeit mit der Gruppe der Produktionsingenieure schätze. Wenn ich an die Zukunft des Unternehmens denke, besteht für mich kein Zweifel, daß Ihre Gruppe eine wichtige Rolle bei der Verwirklichung unserer neuen strategischen Vision spielen wird.

Dr. C:

Zweifellos. Unsere hervorragende Arbeitsgruppe liegt an führender Position auf dem Gebiet der computergestützen Produktion. Drei von uns haben ihre Ergebnisse gerade der internationalen Öffentlichkeit vorgestellt.

Dr. A:

Das ist toll! Sie müssen ausgezeichnete Leute ausgewählt *und* Ihre Gruppe so geführt haben, daß allen die Arbeit hier Spaß macht.
  Ich hoffe sehr, daß Sie eng mit der Gruppe von der Versuchsanlage zusammenarbeiten werden, von der ich den nächsten technologischen Durchbruch erwarte.

Dr. C:

Tja, wir teilen ihnen stets mit, wann wir uns treffen, um über unsere Arbeit zu sprechen; anscheinend leben sie aber die meiste Zeit über in einer eigenen Welt. Die praktischen Probleme der Herstellung nehmen sie einfach nicht zur Kenntnis.

Dr. A:

Ich bin sicher, daß sie nicht im entferntesten die Erfahrung mit diesen Einzelheiten haben, die Sie und Ihre Gruppe gesammelt haben. Aber Sie und die anderen können voneinander lernen! Ich ermutige Sie wirklich, zu überlegen, in welcher

Weise Sie die Leiterin der Versuchsanlage unterstützen könnten. Und ich werde dafür sorgen, daß sie versteht, welchen enormen Beitrag Sie zur gemeinsamen Arbeit leisten.

Der Manager, Dr. A., und der Leiter der Produktionsgruppe besprechen im Detail, wie sie sich die Zusammenarbeit beider Gruppen zum Besten des technologischen Fortschritts und damit des gesamten Unternehmens vorstellen. Dabei betont der Manager wiederholt, wie sehr das Unternehmen den Leiter der Produktionsgruppe schätzt; er erklärt sich mit einer Zusammenkunft mit diesem und der Leiterin der Versuchsanlage bereit, um die Kooperation über die Grenzen der Disziplinen hinweg anzuregen.

In den bisher vorgestellten Fallstudien wurden zwei Situationen angesprochen, in denen sich Konflikte der Arbeit regelrecht „in den Weg stellten". Dies war einmal die Studie in Kapitel 1: Geoff wurde auf eine höhere Position befördert als Shelly. Die andere Situation ist uns in Kapitel 3 begegnet, als Lee eine ganze Arbeitsgruppe in ein anderes Gebäude versetzte. In beiden Fällen lag die Konfliktursache in Unterschieden zwischen den Persönlichkeiten (in den arbeitsbezogenen Bedürfnissen und dem Führungsstil).

Unterschiede der arbeitsbezogenen Bedürfnisse: Shelly und Geoff. Als Geoff befördert wurde, war Shelly verletzt und verärgert. Sie redete nur, wenn sie angesprochen wurde; jeder im Labor merkte, was sie fühlte. Entsprechend seinem dominanten Harmoniebedürfnis ließ Geoff den Dingen fast drei Monate lang ihren Lauf und vermied, das Problem anzusprechen, statt Shelly mit der schmerzlichen Wahrheit zu konfrontieren: Er ist wirklich der bessere Manager von beiden. Entsprechend ihrem dominanten Leistungsbedürfnis sah Shelly die Beförderung so, als ob ihre Leistungen nicht anerkannt würden, nicht als grundlegende Änderung der Perspektiven der Tätigkeit. Sie glaubte, übergangen worden zu sein, und reagierte verletzt und verärgert.

Das folgende Szenario beschreibt die Zusammenkunft, um die Geoff Shelly zwei Wochen nach der Beförderung gebeten hat. Sie findet auf neutralem Boden, im Konferenzraum, statt. Sie setzen sich, und Geoff gibt Shelly ein Blatt Papier, auf dem er die Tagesordnung notiert hat („Erklärung der Beförderung; Rolle einer Führungskraft in der Wissenschaft; Bedeutung der Zusammenarbeit").

Geoff:

Schau mal, ich weiß, du bist aufgeregt; aber wir müssen miteinander reden.

Shelly:

Was meinst du damit? Wir haben miteinander gesprochen. Ich habe dir gesagt, daß sich die Lieferung unserer bestellten Ausrüstung durch den Streik verschoben hat...

Geoff:

[Unterbricht sie.] Du weißt genau, was ich meine. Du warst die ganze Woche über sehr kurz angebunden. Es ist doch klar, meine Beförderung hat dich verletzt.

Diese Beförderung hat überhaupt nichts mit deinen oder meinen inneren Werten zu tun. Du bist unsere beste Wissenschaftlerin. Es wäre sehr unvernünftig gewesen, dich von dem wegzureißen, was du am besten kannst, und damit den zu erwartenden Durchbruch aufs Spiel zu setzen. Ich bin auch kein unfähiger Wissenschafter, aber ich glaube wirklich, im Management bin *ich* besser aufgehoben.

Denk mal darüber nach. Als Manager kann ich dir helfen, die Unterstützung, die Ausrüstung und das Personal zu bekommen, das du brauchst, und du kannst weiterhin so arbeiten, wie du es gern tust. Sei doch nicht ärgerlich darüber.

Shelly:

Ich ärgere mich gar nicht...

Geoff:

Du benimmst dich aber so, und ich rege mich sehr darüber auf. Du warst sehr schroff bei den Sitzungen unserer Arbeitsgruppe, und jeder merkt, daß Du über meine Beförderung unglücklich bist.

Ich weiß, das klingt ziemlich abgedroschen, aber wir müssen zusammenarbeiten, wenn das Unternehmen überleben soll. Das ist es, was ich dir sagen wollte.

Die anschließende ausgedehnte, sehr emotionale Auseinandersetzung führt dazu, daß Shelly schließlich zugibt, daß sie sich ärgert und sich verletzt fühlt, weil sie glaubt, daß ihre Leistungen nicht anerkannt wurden. Geoff beruhigt sie immer wieder und betont ihre Bedeutung als Wissenschaftlerin im Labor für das gesamte Unternehmen. An ihren Arbeitsplatz zurückgekehrt, kann Shelly langsam wieder vernünftig überlegen. In der folgenden Woche spricht sie mit Geoff angeregt über das laufende Experiment, so, wie sie es vor der Beförderung getan hat; die Mitarbeiter machen sich keine Gedanken mehr.

Beachten Sie: Geoff mußte Shelly ihr Verhalten und seine Konsequenzen vor Augen führen. Er mußte betonen, daß auch er verärgert ist und daß ihn die Situation aufregt; er mußte ihr bezüglich der Bedeutung ihrer eigenen Position den Rücken stärken. Bevor Shelly und Geoff zu einer gemeinsamen Linie – der Sicherung des Überlebens des Unternehmens und die effektive Arbeit ihrer Gruppe – finden konnten, mußten sie die beiderseitigen Emotionen anerkennen.

Unterschiede im Führungsstil: Lee und Dr. X. Während der Diskussion zwischen Lee und Stefan über ihren Führungsstil (Kapitel 3) beschreibt Lee an einer Stelle, wie sie eine vollständige Arbeitsgruppe von Physikern zum Umzug veranlaßte, um Platz für einen anderen, hoch angesehenen Wissenschaftler zu schaffen. Sie gab zu, daß der Leiter der ausquartierten Gruppe über ihre Entscheidung sehr verärgert war.

Entsprechend ihrem aufgabenorientierten Führungsstil hatte Lee den Einfluß, den ihre Entscheidung auf die beteiligen Menschen ausübte, nicht im vollen Umfang zur Kenntnis genommen. Sie hätte sich mit dem Leiter der betroffenen Arbeitsgruppe (Dr. X) ausreichend lange vor dem Umzug treffen sollen.

Das unten beschriebene Szenario beschreibt einen Versuch, die Meinungsverschiedenheit rechtzeitig zu verhindern, die durch Lees aufgabenorientierten Führungsstil verursacht werden kann. Vor dem Umzug findet eine Zusammenkunft im Büro von Dr. X statt. Schon vorher hat Lee Dr. X die Tagesordnung zugeschickt („Fragen im Zusammenhang mit dem Laborstandort; effektive Nutzung der wichtigsten Ausrüstung; Beitrag der Abteilung zur Gesamtstrategie").

Lee:

Vielen Dank, daß Sie Zeit für diese Zusammenkunft gefunden haben. Ich möchte mit Ihnen über den gegenwärtigen Standort Ihres Labors reden. Ich mache mir Sorgen, daß Sie zu weit von wichtigen Geräten und Kollegen, mit denen Sie zusammenarbeiten, entfernt sind. Daher habe ich einen anderen Ort in Gebäude A für Sie gefunden. Das Labor dort ist viel praktischer und eignet sich besser für Ihre Experimente.

Dr. X:

Ich finde unseren jetzigen Standort aber nicht unpraktisch. Wir mußten besondere Vereinbarungen treffen, um die Geräte zu nutzen, aber wir haben das gut im Griff. Und außerdem gefällt es mir in unserem Gebäude.

Lee:

Ich bin sicher, Sie spielen die Probleme herunter. Gebäude A ist viel besser; ich habe aber noch einen anderen Grund, Ihnen den Umzug vorzuschlagen. Sie kennen doch Dr. Z? Ich weiß, Sie sind einverstanden, wenn ich sage, daß seine Arbeit – genau wie Ihre – sehr wichtig für unser Institut ist. Aber im Moment haben wir keinen geeigneten Standort für sein Labor, außer dem Gebäudeteil, in dem Sie arbeiten.

Ich hatte die Idee, daß dieser Tausch Ihnen beiden Nutzen bringt. Sie erhalten mehr und bequemeren Arbeitsplatz, Dr. Z. bekommt ein Labor, und das Institut gewinnt zwei zufriedene Wissenschaftler.

Dr. X:

Ach so – Sie wollen Dr. Z hier einquartieren, und deswegen soll ich umziehen?

Lee:

[Sie ist darauf vorbereitet.] Nicht ganz. Ich habe mir wirklich Gedanken über Ihren Standort gemacht. Aus meiner Sicht ist Ihre Arbeit genauso wichtig für dieses Institut wie die von Dr. Z. Ich möchte das tun, was ich für das Beste für Sie beide halte. Die Vorteile des neuen Arbeitsplatzes für Sie sind offensichtlich: Sie sind näher an den Kollegen und der Ausrüstung, Sie haben mehr Platz. Und Ihr jetziger Standort ist für Dr. Z völlig ausreichend. Sie haben beide einen Nutzen. Ich möchte, daß Sie beide bestmöglich untergebracht sind. In zwei Monaten soll der Umzug daher stattfinden. Wie kann ich Ihnen helfen, das so unkompliziert wie möglich zu bewerkstelligen?

Der Physiker ist über den beabsichtigten Umzug verstimmt, aber Lee versichert ihm wieder und wieder, daß alle Beteiligten profitieren werden. Sie erklärt, daß sie wünscht, daß der Umzug erfolgt, daß sie aber seine Meinung berücksichtigen wird. Sie bemüht sich weiter, eine gemeinsame Linie zu finden: besseren Arbeitsplatz für beide Arbeitsgruppen.

In diesem idealisierten Szenario ist Lee klar, daß sie sich auf die Beziehungen zwischen ihr und Dr. X bzw. Dr. X und Dr. Z konzentrieren muß. Nach dem Treffen ruft Lee die Gruppenleiter zusammen, um zu diskutieren, wie der Umzug zu planen ist, damit niemand seine Experimente länger als nötig unterbrechen muß. Sie betont wieder, welchen Gewinn beide Gruppen von dieser Aktion haben werden; sie gibt sich viel Mühe, um zu erreichen, daß Dr. X sich nicht manipuliert fühlt, sondern „großmütig" eingestehen kann, daß sein Labor in Gebäude A besser aufgehoben ist. Und sie sorgt dafür, daß sich Dr. Z bei Dr. X dafür bedankt, daß seine Gruppe die Unbequemlichkeit des Umzugs in Kauf genommen hat.

Zusammenfassung

Konflikte gibt es in jedem Institut, in jedem Unternehmen. Quellen von Differenzen in Forschungs- und Entwicklungseinrichtungen können sich zu Konfliktherden entwickeln. Nicht jede Differenz führt zum Konflikt, aber jede Differenz ist eine potentielle Konfliktquelle. Wenn Sie mögliche Differenzen in Ihrer Einrichtung kennen und erkennen, sind Sie leichter in der Lage, das Problem richtig zu benennen. Die Entwicklung von Fähigkeiten der Auseinandersetzung hilft Ihnen, effektiv mit auftretenden Problemen fertigzuwerden.

Anmerkungen

1. Eine sehr interessante Diskussion zur Bildung von Vorurteilen und damit zusammenhängenden Themen findet sich in K. Deaux und M. Kite, „Thinking About Gender", in *Analyzing Gender*, B. Hess und M. Ferree (Hrsg.), Sage, Newbury Park, California, 1987.
2. Dieser Abschnitt stützt sich auf J. Thompsons *Organizations in Action*, McGraw-Hill, New York, 1967. In nachfolgenden Arbeiten haben andere Wissenschaftler die Erkenntnisse Thompsons bestätigt.
3. ebd.
4. Die Effektivität der Auseinandersetzung wird erwähnt von H. Thamhain und D. Wilemon, „Conflict Management in Project Life Cycles", *Sloan Management Review*, 31-50, 1975.
5. A. Bandura, *Social Learning Theory*, Prentice Hall, Englewood Cliffs, New Jersey, 1977, S. 26.

8 Projektmanagement

Das Projektmanagement (im Unterschied zum Management einer ganzen Organisation) ist ein verhältnismäßig junges Gebiet und hat, wie andere Managementkonzepte, seinen Ursprung in der Sprache des Militärwesens: Das Management eines Projektes ist analog zur Planung und Ausführung eines Angriffs oder einer Schlacht (im Unterschied zum Management eines ganzen Krieges).

Elemente des Projektmanagements wurden zuerst in der US-Luft- und Raumfahrtindustrie angewendet. Die traditionellen organisatorischen Strukturen – ausgedehnte Hierarchie, vertikale Beziehungs- und Kommunikationsmuster und klar voneinander getrennte Funktionsbereiche – funktionierten gut, solange die Aufgabe überschaubar war und der einfache Mitarbeiter relativ wenige Informationen für ihre Ausführung benötigte. Wurden die Aufgabenstellungen jedoch komplexer und unbestimmter, so daß ihre Erfüllung die Zusammenarbeit mehrerer Spezialisten erforderte, mußte eine enorme Fülle von Informationen verarbeitet werden. Man stellte fest, daß es in diesem Fall weit effektiver ist, das Problem in eine horizontal verknüpfte Menge von Teilaufgaben zu untergliedern und jeder Teilaufgabe eine Arbeitsgruppe zuzuordnen, deren Mitglieder verschiedenen Disziplinen angehören. Schließlich bezeichnete man diese Teilaufgaben als *Projekte* und die Arbeitsgruppen als *Projektteams*. Heute wird Projektmanagement verbreitet angewendet – in Krankenhäusern, Bauunternehmen, elektronischen, pharmazeutischen, informationsverarbeitenden und vielen anderen Industriezweigen.

Trotz dieser weitgefächerten Anwendungsgebiete und der Zeit, die seit dem Aufkommen des Projektgedankens vergangen ist, stellt das Projektmanagement keinesfalls eine einfache Aufgabe dar. Ihre Umsetzung erfordert eine *echte Kooperation* einzelner Menschen mit verschiedensten fachlichen Hintergründen und Fähigkeiten innerhalb der Organisation.

Kooperation

Kooperation – „gemeinsame Arbeit" – ist leicht zu erklären, aber schwer zu verwirklichen. Sie setzt buchstäblich gegenseitige „Tuchfühlung" (physisch und/oder interaktiv-elektronisch) voraus; das Ergebnis ist mehr als die Summe der einzelnen Beiträge.

Projektmanagement, der Gegenstand dieses Kapitels, zieht eine *offizielle* Zusammenarbeit nach sich. Inoffizielle Formen der Zusammenarbeit kommen zustande, wenn Menschen miteinander kooperieren *wollen*: Ein Wissenschaftler erkennt, daß er eine Anregung durch einen Kollegen benötigt, und geht daher auf diesen zu. In derartigen inoffiziellen Situationen hat der Manager die Aufgabe, alle Hindernisse der Kooperation aus dem Weg zu räumen. (Dabei wollen wir annehmen, daß die Normen Ihres Unternehmens, wie sie in Kapitel 4 diskutiert wurden, die inoffizielle Zusammenarbeit unterstützen. Ist dies nicht der Fall, sollten Sie vielleicht zunächst zu Kapitel 9 weitergehen, das sich mit dem Wandel im Unternehmen beschäftigt.)

Im Gegensatz zur inoffiziellen Zusammenarbeit verlangt die Führung eines Projektes vom Manager vorausschauende Planung und hohe Fähigkeiten in der Gestaltung zwischenmenschlicher Beziehungen. Das Zusammenfassen von Mitarbeitern in Projektgruppen allein bewirkt noch nicht, daß eine echte Kooperation zustande kommt. Im Gegenteil! Eine Gruppe vom Menschen zur Zusammenarbeit zu bewegen, erfordert eine genaue Kenntnis der arbeitsbezogenen Bedürfnisse (Kapitel 2) und der Führungsstile (Kapitel 3), die Fähigkeit, laterale Strukturen aufzubauen und aufrechtzuerhalten (Kapitel 5) und Erfahrungen in Kommunikation (Kapitel 6) und effektiver Auseinandersetzung (Kapitel 7).

Die Fähigkeit zum erfolgreichen Management von Projekten läßt sich verallgemeinern. Wer als Projektmanager besteht, hat auch Talent, eine effektive Zusammenarbeit zwischen Forschungs- und Entwicklungsabteilungen, zwischen F&E und anderen Funktionsbereichen wie der Produktion oder zwischen der eigenen Forschungsabteilung und externen Vertragspartnern zu organisieren. Man kann noch weiter gehen: Mit Hilfe dieser Fähigkeiten läßt sich eine Kooperation zwischen Unternehmensbereichen und ganzen Unternehmen wie zwei oder mehreren Universitäten oder Instituten oder zwei fusionierten Gesellschaften vermitteln.

Wie Sie vielleicht ausgehend von den Ursprüngen des Projektmanagements erwarten, ist das Projekt innerhalb der Einrichtung eine kleine Welt für sich – ein „Unternehmen im Unternehmen". Vertreter mehrerer Funktionsbereiche und/oder Disziplinen sind beteiligt, und jeder leistet einen entscheidenden Beitrag zum Gelingen des Vorhabens. Die Arbeit muß unter bestimmten Restriktionen (zeitlich, finanziell) geleistet werden. Ein Projektleiter übt daher im wesentlichen die Funktion eines allgemeinen Managers aus, der das gesamte Projekt, nicht eine einzelne Funktion verwaltet. Die Probleme, die innerhalb von Projekten auftreten, spiegeln die Probleme der Organisation selbst wieder. Zum Glück ist an einem Projekt in der Regel ein relativ kleiner Mitarbeiterkreis beteiligt; das Projektmanagement wird daher oft als Prüfstein für zukünftige Manager des Unternehmens betrachtet.

In Übereinstimmung mit dem Schwerpunkt dieses Buches legt das folgende Kapitel besonderen Wert auf die Diskussion von Verhaltensfragen, weniger von technischen Aspekten des Projektmanagements. (Zum letzteren Thema gibt es zahlreiche Publikationen; Projektmanager der Praxis haben große Teile ihres reichen Wissensschatzes veröffentlicht.) Wir wollen zunächst Größe, Struktur und Zusammensetzung eines Projektteams diskutieren; anschließend wenden wir uns der Kommunikation und Fragen des Führungsstils während des Lebenszyklus eines Projektes zu. Drittens wird uns der Technologietransfer beschäftigen – die Weitergabe von „Technologie" (beispielsweise auch einer Idee eines Forscherteams) an nachfolgende Gruppen, die sich mit der Weiterentwicklung befassen sollen. Abschließend wird der Begriff „Matrix" definiert und erläutert.

Das Projektteam

Das vielleicht beste Beispiel einer offiziellen Kooperationseinheit ist das Projektteam. Definitionsgemäß vereinigt es Menschen aus verschiedenen Disziplinen (Chemie, Maschinenbau, Epidemiologie,...) und/oder organisatorischen Funktionsbereichen (Produktion, Marketing, Verkauf,...) mit dem Zweck, ein bestimmtes gemeinsames Ziel zu erreichen („Forschung auf dem Gebiet X", „Bau des Prototyps Y", „Untersuchung der Chancen der Weiterentwicklung von Z" und so weiter). Andere offizielle Kooperationseinheiten sind (militärische) Kampfverbände und Ausschüsse (werden hier nicht behandelt) und die Matrix (wird im Verlauf dieses Kapitels erläutert).

Größe

Im Gegensatz zur in den meisten Unternehmen üblichen Handhabung sollte ein Projektteam aus nur drei bis vier, maximal sieben oder acht Mitarbeitern bestehen. In einem „Team" sind die Mitglieder eng aneinander gebunden; von ihnen wird eine regelmäßige und lange (in manchen Forschungsprojekten jahrelang) andauernde Interaktion erwartet. Größere Gruppen sind zu unhandlich, um eine enge und wirkungsvolle Zusammenarbeit und Kommunikation der Mitarbeiter realisieren zu können.

Erfordert das angestrebte Ziel den Beitrag von mehr als sieben bis acht verschiedenen Disziplinen oder Funktionsbereichen, sollte man die Projektgruppe weiter unterteilen. Wenn erforderlich, kann sich die große Gruppe zusammenfinden; darüber hinaus können die Leiter der einzelnen Teilgruppen miteinander die Sachverhalte und Probleme diskutieren, die das gesamte Team angehen. Eine Gruppe von 15, 20 oder mehr Mitgliedern als Projektteam zu bezeichnen, wird weder der Bedeutung des Begriffes noch den Mitarbeitern gerecht, von denen man erwartet, daß sie Teamarbeit leisten. Es soll vermerkt werden, daß der Begriff „Team" ursprünglich für eine *kleine* Gruppe von Zugtieren im Gespann eines Pfluges geprägt wurde: Setzt man an einem Pflug zu viele Tiere ein, ist das Gespann nicht arbeitsfähig.

Struktur

Alle Kooperationseinheiten – vom kleinsten Team bis zur größten Organisationsmatrix – sind *lateral* aufgebaut. Wie bereits in Kapitel 5 herausgearbeitet wurde, gibt es nur zwei grundlegende Muster („Strukturen") der Beziehungen und der Kommunikation in Organisationen, das *vertikale* (Beziehungen und Kommunikation zwischen Vorgesetzten und Untergebenen) und das *laterale* (Beziehungen und Kommunikation zwischen Gleichberechtigten). Der sogenannte „diagonale Schnitt", bestehend aus mehreren Ebenen verschiedener Disziplinen und Funktionsbereichen, stellt ebenfalls eine laterale Struktur dar.

Sind die Arbeitsbedingungen diffus und gibt es nur wenige Regeln und erprobte Verfahrensweisen, wie es im allgemeinen zu Beginn der Arbeit an einem Projekt der Fall ist, sind laterale Strukturen effektiver. Sie fördern die intellektuelle Herausforderung und die Mehrdeutigkeit, die Sie bereits als Bedingungen flexibler kognitiver Strukturen kennengelernt haben. Das bedeutet, laterale Strukturen fördern die Kreativität des Teams.

Um zusammenarbeiten (kooperieren) zu können, müssen die Mitglieder des Teams untereinander gleichberechtigt sein. Aus wissenschaftlicher bzw. technischer Sicht ist der Projektmanager oder Gruppenleiter Gleicher unter Gleichen. Der Projektmanager stellt die offizielle Beziehung zu den größeren Einheiten her, aus denen die Teammitglieder stammen, er ist der Manager des Gesamtprojekts. Welcher Mitarbeiter jedoch bei der Lösung wissenschaftlich-technischer Probleme und der Entscheidungsfindung die Führung übernimmt, wird allein von den fachlichen Fähigkeiten bestimmt. So, wie sich die Probleme und Entscheidungen ändern, muß auch der Inhaber der Führungsposition wechseln.

Die wohl kritischste Aufgabe des Projektmanagers ist der Aufbau des Teams. Dabei muß allen voran die Größe der Gruppe so gering gehalten werden, daß die Mitarbeiter zusammenarbeiten können und zwischen ihnen laterale Beziehungen (zwischen Gleichberechtigten) entstehen. Um in der Anfangsphase der Projektarbeit laterale Strukturen zu formieren, sollte der Projektmanager

- jede Information jedem zugänglich machen;
- *niemals* einzelne Mitarbeiter im Voraus für bestimmte Aufgaben vorsehen;
- Rat und Beratung (auch von außerhalb der Gruppe) suchen;
- das gesamte Team regelmäßig zu kurzen Zusammenkünften einberufen und
- eine breite Diskussion und enge Kommunikation aufbauen und fördern.

In einer lateralen Struktur muß auch die Kommunikation lateral ablaufen. Dies kann sich in interdisziplinären Teams jedoch als extrem schwierig erweisen: Denken Sie an die in Kapitel 6 besprochenen „Sprachbarrieren". Wie in diesem Zusammenhang betont wurde, ordnen Angehörige einer Disziplin bestimmten Begriffen die gleiche

Bedeutung zu und können sich so effektiv miteinander austauschen. Stammen die Mitarbeiter jedoch aus verschiedenen Disziplinen, wie es in einem Projektteam in der Regel der Fall ist, dann verwenden sie vielleicht die gleichen Begriffe, verstehen darunter aber völlig verschiedene Dinge. Ein erfahrener Projektmanager aus der F&E der pharmazeutischen Industrie beschreibt seine Beobachtungen folgendermaßen:

> Wenn der Chemiker von einem „Produkt" spricht, meint er damit die neue Substanz oder Verbindung, für die er *in vitro* eine bestimmte Wirkung nachgewiesen hat. Der Fachmann aus der Formulierung versteht unter „Produkt" eine Verbindung, die als Kapsel oder Dragee formuliert wurde; für den Arzt ist es ein abgepackter und etikettierter Wirkstoff, den er klinisch testen kann. Der Mitarbeiter aus dem Marketingbereich schließlich nennt das geprüfte und auf den Markt gebrachte Medikament, das sich gewinnbringend verkaufen läßt, ein „Produkt". Wird in einer Gruppe von Anwärtern auf Positionen im Management, die aus verschiedenen Bereichen stammen, das „Produkt" diskutiert, dann stehen hinter ein und demselben Wort mindestens vier verschiedene Interpretationen.

Ähnliche Sprachprobleme treten auf, wenn Mitarbeiter verschiedener Funktionsebenen beteiligt sind. Leute aus der Forschung können „bald" als „in einigen Monaten" interpretieren, Mitarbeiter aus dem Vertrieb verstehen darunter „in einigen Tagen". Der Fachbegriff hierfür, *Übersetzungsfehler*, wurde bereits eingeführt. Dieses Phänomen ist ein Kennzeichen interdisziplinärer und multifunktioneller Kommunikation – wenn der Projektmanager nicht für ein kontinuierliches Feedback innerhalb der Gruppe sorgt. Mit der Zeit werden die Sprachbarrieren natürlich abgebaut; die Menschen verständigen sich auf bestimmte Bedeutungen einzelner Begriffe. Aber in der Anfangsphase des Projekts ist es Sache des Managers, wenn nötig zu „übersetzen" und zu vermitteln, anscheinende triviale Fragen zu stellen („Wieviele Tage verstehen Sie unter 'bald'?") und die Mitarbeiter anzuregen, einander offen zu fragen, um zu klären, was gemeint ist.

Die laterale Struktur eines Teams ist häufig in vertikale Strukturen eingebunden (zum Beispiel in Form lateraler Forschungsgruppen innerhalb vertikal organisierter wissenschaftlicher Abteilungen). In solchen Fällen sollte der Manager versuchen, die laterale Struktur abzuschirmen, indem ein eigener Ort für Zusammenkünfte und, wenn das überhaupt möglich ist, ein abgeteilter Arbeitsplatz geschaffen wird. Sinnvoll und hilfreich ist es auch, separate Unterstellungsverhältnisse zusammenzufassen (Beispiel: Das Team ist als Ganzes den Leitern aller Abteilungen, aus denen seine Mitglieder kommen, unterstellt; die Leiter der Abteilungen sind kollektiv für eine optimale Arbeit des Teams verantwortlich.)

Zusammensetzung

Die technische Zusammensetzung eines Teams – die Mischung einzelner Fähigkeiten – ist offensichtlich vom angestrebten Ziel abhängig. Wenn eine erfolgreiche Forschungsarbeit auf einem bestimmten Gebiet Fertigkeiten und Kenntnisse in Molecular Modeling, Gensplicing, chemischer Synthese und *in vivo* Untersuchungen erfordert, dann muß das Projektteam so zusammengesetzt werden, daß alle notwendigen Disziplinen und Spezialgebiete vertreten sind. Erfordert die erfolgreiche Entwicklung einer Anwendungssoftware Kenntnisse in Unix, C++ und Multimedia, dann müssen der Projektgruppe Entwicklungsingenieure mit Erfahrungen in allen diesen Fachrichtungen angehören. Aus technischer Sicht ist die Zusammensetzung eines Teams nicht kompliziert.

Auch die wünschenswerte Zusammensetzung der menschlichen Aspekte ist offensichtlich – soweit möglich, sollten die verschiedenen arbeitsbezogenen Bedürfnisse ausgeglichen vertreten sein (siehe Kapitel 2). Im Idealfall sollten einem Team drei oder vier Mitarbeiter mit dominantem Leistungsbedürfnis angehören – sie treiben den technologischen Fortschritt des Projektes voran – sowie zwei oder drei Mitarbeiter mit dominantem Harmoniebedürfnis, die Kraft ihrer Konzentration auf zwischenmenschliche Beziehungen für den Zusammenhalt der Gruppe sorgen. Zum Manager – dem offiziellen Verbindungsmann zur Unternehmensführung – eignet sich am besten ein Mitarbeiter mit dominanten Macht- oder Leistungsbedürfnis. Einem Projektmanager mit hohem Bedürfnis nach Harmonie sollte klar sein, daß jeder Mensch dazu neigt, sich Gedanken über seine Beliebtheit zu machen. So kann der Erfolg der Gruppe gefährdet werden, wenn der Manager (unabsichtlich) Entscheidungen *vermeidet*, die Mitglieder „seines" Projektteams hart treffen könnten (siehe Kapitel 2, das sich eingehend mit Motivation und arbeitsbezogenen Bedürfnissen beschäftigt).

Als Faustregel gilt, daß der Projektleiter kein so hohes Leistungsbedürfnis haben sollte, daß er entweder das „große Ziel" oder die innere, menschliche Funktionsweise seiner Gruppe ignoriert. In vielen Instituten und Unternehmen ist es Tradition, daß dem Wissenschaftler, dem die betreffende Entdeckung gelungen ist, die Leitung des Projektteams übertragen wird, ohne daß dabei seine dominanten arbeitsbezogenen Bedürfnisse beachtet werden. Ein leistungsbetonter Projektmanager wie Shelly (Kapitel 2) wird kaum die nötige Diplomatie und Geduld und die Fähigkeiten der Kommunikation und Konfrontation aufbringen können, um ein Team zu leiten, das sich aus Angehörigen verschiedener Disziplinen und Funktionsbereiche zusammensetzt, und um die konkurrierenden Forderungen der Leiter der entsprechenden Disziplinen und Funktionen unter einen Hut zu bringen. Es ist stets besser, einen Wissenschaftler an die Spitze eines Projektes zu stellen, dessen menschliche Aspekte der persönlichen Fähigkeiten sich mit den menschlichen Aspekten der Tätigkeit als Gruppenleiter vereinbaren lassen.

Kommunikation und Führungsstil im Lebenszyklus eines Projektes[1]

Um einige der Veränderungen im menschlichen Verhalten im Laufe des Lebenszyklus eines Projektes zu verstehen, ist es nützlich, das Projekt in Form des häufig angewendeten funktionalen Zusammenhangs zwischen der geleisteten Arbeit und der Zeit (oder dem Wachstum einer Population, den eingeführten Neuerungen, der Zitathäufigkeit in wissenschaftlichen Arbeiten und der Zeit) darzustellen. Das Diagramm (Abb. 2) zeigt vier Abschnitte:

1. Herausbildung bzw. Definition des Projektes
2. Planungs-/Aufbauphase (steilster Anstieg über der Zeit)
3. Plandurchführung (Hauptarbeitsphase)
4. Abschluß/Auswertung des Projektes.

Die technische Unbestimmtheit des Projektes ist definiert als die Differenz zwischen der Informationsmenge, die zur Ausführung der Aufgabe benötigt wird, und der Informationsmenge, die der Projektgruppe zur Verfügung steht.[2] Im Definitions- und frühen Planungsstadium ist diese Differenz am größten. Eine Pflicht des Projektmanagers ist es, für eine offene und weitreichende Kommunikation zwischen den Mitgliedern des Teams zu sorgen, um die technische Unsicherheit zu verringern. Diese nimmt mit der Zeit ab; damit verringert sich auch der Anteil informationsverarbeitender Tätigkeiten an der Projektarbeit.

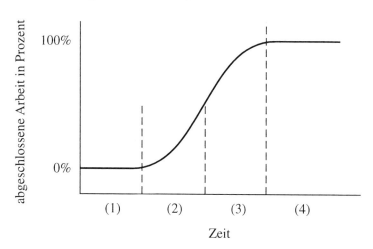

Abb. 2 Die Stadien eines Projektes: 1) Definition/Herausbildung, 2) Aufbau, 3) Durchführung, 4) Abschluß/Auswertung

Auch die Unbestimmtheit des Verhaltens ist im Definitionsstadium und zu Beginn der Planungsphase des Projektes am größten: Die Mitglieder des Teams haben zu Beginn nur wenig Kenntnis über die Berichterstattung innerhalb der Gruppe und nach außen, die Normen der Arbeit, die Bewertung der Leistung und ähnliches. Zu den Pflichten des Projektmanagers gehört es wiederum, diese Unsicherheit zu reduzieren, ohne die laterale Struktur der Gruppe zu gefährden (die Gleichberechtigung der Mitarbeiter in Kommunikation und Beziehungen muß gewahrt bleiben). Zur Klärung der Vorgehensweise bei der Berichterstattung, der Normen und der Leistungsanforderungen ist wiederum eine offene Kommunikation erforderlich.

Definitions- und Planungsphase eines Projekts sind darüber hinaus durch ein hohes Maß an *Mehrdeutigkeit* der technischen Abläufe und Verhaltensmuster gekennzeichnet. So kann es mehrere (zunächst gleichberechtigte) Interpretationen zum Beispiel des technologischen Ziels des Projektes geben (technische Mehrdeutigkeit). Ist die Situation unklar, wird eine große Menge an Informationen gebraucht. Ist die Situation mehrdeutig, müssen die Projektmitarbeiter durch Austausch ihrer Ansichten und widersprüchlichen Interpretationen zu einer Einigung über die *Bedeutung* der Zusammenhänge gelangen. Der Projektmanager kann dabei helfen, indem er einen beziehungsorientierten Führungsstil verfolgt. Bereits in Kapitel 3 wurde betont, daß die Konzentration auf Beziehungen zur Sicherung einer offenen Diskussion und gegenseitiger Herausforderung mit dem Ziel der Einigung über Interpretationsfragen der effektivere Stil ist, wenn vorrangig die Reduktion der Mehrdeutigkeit angestrebt wird. Ist der Führungsstil des Projektmanagers aufgabenorientiert, so muß dieser darauf achten, den besonderen Kommunikationsprozeß nicht durch zu frühe Strukturierung zu verhindern.

Ist die Situation technisch unbestimmt *und* mehrdeutig, sollte zuerst die Mehrdeutigkeit reduziert werden. Betrachten wir dies am Beispiel eines Forschungsprojektes auf einem völlig neuen Gebiet: Zunächst müssen sich die Mitglieder des Projektteams darüber verständigen, *welchen* wissenschaftlichen Erfolg sie anstreben (Mehrdeutigkeit), bevor diskutiert werden kann, *wie* man das Ziel erreicht (Unbestimmtheit). Der Projektmanager sollte zunächst einen beziehungsorientierten, später einen aufgabenorientierten Führungsstil an den Tag legen.

Neben der bereits erwähnten Unbestimmtheit des Verhaltens ist in der Anfangsphase des Projektes auch mit dem Auftreten von Mehrdeutigkeiten der Verhaltensmuster zu rechnen. Die Mitglieder des Teams ordnen sich in unterschiedlicher Weise in die Gruppe ein: Einer spornt seine Mitarbeiter an (dafür prädestiniert sind Menschen mit hohem Leistungsbedürfnis), ein anderer koordiniert die Informationen, ein dritter stellt die Verbindung zu externen Fachleuten her. Diese Rollenverteilung läßt sich nicht im Voraus festlegen. Der Projektmanager kann aber durch einen beziehungsorientierten Führungsstil dazu beitragen, daß jeder seinen Platz in der Gruppe findet; er könnte zum Beispiel eine Versammlung einberufen, wenn sich die Rollen abzuzeichnen beginnen, und mit den Mitarbeitern offen über die Konsequenzen für die praktische Arbeit sprechen.

Die Mehrdeutigkeit des Verhaltens nimmt gegen Ende des Projektes interessanterweise wieder zu, da die Mitarbeiter in dieser Phase vor dem Verlust ihrer projektgebundenen Identität und der Unterbrechung gefestigter zwischenmenschlicher Beziehungen stehen. Auch in dieser Situation sei dem Projektmanager ein beziehungsorientierter Führungsstil angeraten; er sollte mit jedem Mitglied des Teams unter vier Augen über diese Probleme sprechen.

Fassen wir zusammen: Ein beziehungsorientierter Führungsstil ist am effektivsten im Definitions- und frühen Planungsstadium des Projektes, wenn die Situation mehrdeutig (technisch und/oder bezüglich der Verhaltensweisen) ist. Ist die Planung bereits fortgeschritten bzw. die Phase der Plandurchführung erreicht, sind Mehrdeutigkeit und Unbestimmtheit bereits soweit abgebaut, daß ein aufgabenorientierter Führungsstil angebracht ist. Im letzten Stadium, dem Projektabschluß, ist ein beziehungsorientierter Stil wiederum der günstigere, da er eine effektive Bewältigung der Probleme ermöglicht, die aus dem Zerfall der Gruppe erwachsen. Erfolgreiches Projektmanagement erfordert nicht nur entwickelte Kommunikationsfähigkeiten, sondern auch den Willen, den Führungsstil den Erfordernissen der einzelnen Projektstadien optimal anzupassen.

Anpassen des Kommunikationsmediums an die Botschaft

Zur Diskussion der Kommunikation während des Lebenszyklus eines Projektes kommen wir auf die Differenzierung zwischen *reichen* und *schlanken* Medien (Kapitel 6) zurück. Um technische und soziale Mehrdeutigkeit in den Anfangsphasen des Projektes abzubauen, sollte man sich auf reiche Medien (wie das persönliche Gespräch) konzentrieren. Ist der Projektmanager nicht in der Lage, das gesamte Team in derartige Gespräche und Diskussionen einzubeziehen, dann lassen sich Mißverständnisse und widersprüchliche Interpretationen nicht ausräumen, die später den Erfolg des gesamten Projekts gefährden können. Dieser Kommunikationsprozeß muß vom Manager so gestaltet werden, daß grundverschiedene Individuen zu einer homogenen, organischen Einheit zusammenwachsen können, die ein effektives Team auszeichnet. In anderen Worten – die offene und ehrliche Kommunikation ist ein wesentlicher Teil des Aufbaus eines Teams.

Sind technische und soziale Mehrdeutigkeiten bereits weitgehend reduziert, kann man zu schlankeren Kommunikationsmedien (Mitteilungen auf Papier oder in elektronischer Form) übergehen. Dabei ist jedoch darauf zu achten, daß die Mehrdeutigkeit im Verlauf eines Projektes plötzlich wieder ansteigen kann. So kann sich das technologische Ziel zwischendurch ändern (infolge einer unerwarteten Entdeckung oder eines Mißerfolges). Um die Probleme zu bewältigen, die mit der Definition eines neuen Ziels einhergehen, muß sich der Projektmanager reicher Medien bedienen und einen beziehungsorientierten Führungsstil verfolgen.

Während der letzten Phase, des Projektabschlusses, ist die technische und soziale Unbestimmtheit am niedrigsten; schlanke Kommunikationsmedien sind ausreichend. Dem bereits erwähnten Anstieg der sozialen Mehrdeutigkeit – der Frage nach der Beschäftigung der Mitglieder des Teams nach Beendigung des Projektes – muß der Manager jedoch durch die Anwendung reicher Medien, am besten persönlicher Gespräche, Rechnung tragen. Um die Arbeitsmoral trotz der bevorstehenden Auflösung der zusammengewachsenen Gruppe aufrechtzuerhalten, ist die persönliche Kommunikation *unerläßlich*.[3]

Technologietransfer

Komplexe Forschungs- und Entwicklungsaufgaben erfordern, daß zwischen der Idee und dem fertigen Produkt mehr als ein Projekt abläuft. Um ein Beispiel zu geben: In der pharmazeutischen Industrie gibt es Forschungsgruppen, deren Aufgabe die Entdeckung neuer potentiell wirksamer chemischer Verbindungen ist. Eine gefundene Substanz wird zu einer Gruppe weitergereicht, die sich mit der vorklinischen Forschung befaßt; bei Erfolg ist der nächste Schritt ein Projekt der klinischen Erprobung – und so weiter, bis das fertige Produkt schließlich verkauft werden kann. Wenn in Ihrer Forschungseinrichtung zwischen Idee und Produkt N Phasen bzw. diskrete Schritte liegen, muß in $N-1$ Fällen eine Weitergabe von Technologie erfolgen, und zwar jeweils über die *Grenzen* zwischen zwei unterschiedlichen Projektteams hinweg.

Wird ein völlig neues Forschungsgebiet bearbeitet, das heißt – in anderen Worten –, soll die Entdeckung einen „Durchbruch" innerhalb des betreffenden Feldes liefern, so sind die ersten Projektübergaben am wahrscheinlichsten die *geschwindigkeitsbestimmenden Schritte* des gesamten Prozesses. Warum? In diesen ersten Schritten ist die Technologieweitergabe mit Mehrdeutigkeiten behaftet. Die Neuerung, das Ziel des Projekts, stellt einen Bruch mit der Vergangenheit dar: Es gibt wenige oder keine Erfahrungen oder Kenntnisse, die bei der Lösung der Probleme helfen können, die sich in der Phase nach der Entdeckung und in den nächsten Stadien ergeben. Sowohl die Probleme als auch ihre Lösungen können von den Mitgliedern der beiden „angrenzenden" Projektteams in verschiedener, auch widersprüchlicher Weise interpretiert werden. Diese Konflikte müssen gelöst werden, bevor die Arbeit durch andere Gruppen weitergeführt werden kann.

Die wichtigsten Aspekte, die bei diesen ersten Projektübergaben weitergereicht werden müssen, sind das Wissen und die Erfahrungen, die das erste Team sammeln konnte. Damit dieser Transfer jedoch rechtzeitig und effektiv erfolgen kann, sind – insbesondere, wenn die Mehrdeutigkeit der Information hoch ist – spezielle Kommunikationsmethoden über die Grenzen der Projektteams hinweg erforderlich, insbesondere die transaktive (Zwei-Wege-) Kommunikation.[4]

Die Situation wird dadurch kompliziert, daß Forschungseinrichtungen in vielen Fällen geographisch von den Entwicklungsabteilungen getrennt sind. Wenn sie rechtzeitig erfolgen und effektiv ablaufen soll, muß die transaktive Kommunikation mit dem Ziel des Technologietransfers sorgfältig geplant und gemanagt werden. Die Effektivität dieser ersten Projektübergaben und damit die Geschwindigkeit, in der die Ideen zum Nutzer weitergereicht werden, ist im wesentlichen davon abhängig, wie gut Wissen und Erfahrungen durch die erste Gruppe an das nachfolgende Team weitergegeben werden.

Im Idealfall sollten die Mitglieder beider Gruppen miteinander kommunizieren, wann immer es erforderlich ist. Wenn die einzelnen Abteilungen sich jedoch nicht an einem gemeinsamen Ort befinden, kann der Projektmanager drei verschiedenen Wege einschlagen.[5]

Erste Möglichkeit: Der Manager holt einige Wissenschaftler aus der Entwicklungsgruppe in die Forschungsabteilung. Sie können dort das vorhandene Wissen und die nötige Erfahrung erwerben und, in der zweiten Prozeßphase in die Entwicklungsabteilung zurückgekehrt, dieses Wissen ihren Kollegen persönlich übermitteln. Der Fachbegriff für diese Abgesandten des zweiten Projektteams lautet *Vertreter des Empfängers* (die Forschungsabteilung ist hier der *Sender*).

Zweite Möglichkeit: Der Manager bezieht einige Wissenschaftler in die Forschungsgruppe ein, die bereits früher in der Entwicklung tätig waren. Sie kommunizieren mit den Mitgliedern des Forschungsteams, steuern Argumente vom Standpunkt des Entwicklers aus bei und helfen damit, die Probleme der Projektübergabe zu lösen. Man nennt diese Menschen in der Fachsprache *Ersatz für den Empfänger*; mit den entsprechenden Informationen ausgerüstet, werden sie gemeinsam mit der Entdeckung dem Entwicklungsteam übergeben; dessen Mitgliedern können sie ihr Wissen und ihre Erfahrungen persönlich vermitteln.

Dritte Möglichkeit: Der Manager kann die Dienste von entwicklungserfahrenen Wissenschaftlern in Anspruch nehmen, die in einer (firmeninternen oder externen) Consulting-Abteilung (Unternehmensberatung) arbeiten und die man als *Integratoren* bezeichnet. Die Integratoren „tragen" die Entdeckung und die relevanten Informationen buchstäblich von der ersten zur zweiten Projektgruppe, wobei die Kommunikation mit Hilfe persönlicher Gespräche geführt wird.

Der Entscheidung des Managers für eine der drei Möglichkeiten sollten folgende Überlegungen vorangehen: Liegen Forschungs- und Entwicklungsabteilung geographisch relativ nahe beieinander, ist die Entsendung von Vertretern (Möglichkeit 1) die praktikabelste Methode. Nimmt die geographische Entfernung zwischen beiden Abteilungen zu, sollte man eher einen Ersatz suchen (Möglichkeit zwei oder drei), als Mitarbeiter einer der beiden Abteilungen für längere Zeit von ihrem Arbeitsplatz abzuziehen. Bietet sich der Einsatz von Beschäftigten des eigenen Unternehmens (Möglichkeit zwei) an, ist diese Methode der dritten (Einbeziehung von Integratoren) vorzuziehen. In jedem Fall sollte der Manager versuchen, diese „projektfremden" Personen so auszuwählen, daß sie sich kulturell in die Entwicklungsgruppe (zweite

Prozeßphase, Ziel des Technologietransfers) einfügen. Ein Beispiel: Befindet sich die Forschungsabteilung in England, die Entwicklungsabteilung dagegen in Deutschland, sollten erfahrene *deutsche* Wissenschaftler gesucht werden. Dieses Vorgehen begünstigt die Kommunikation, die Projektübergaben über große geographische Entfernungen und Unterschiede der Nationalitäten hinweg begleiten muß.

Betrachten wir noch ein Beispiel für die erste Möglichkeit. Takeda Chemical Industries, das größte Pharmazieunternehmen Japans, unterhält eine Abteilung für Grundlagenforschung in Tsukuba – mehrere hundert Kilometer entfernt von der Entwicklungsabteilung, die sich in Osaka befindet.[6] Gelingt den Wissenschaftlern der Forschungsabteilung eine neue Entdeckung, dann werden Mitarbeiter des Entwicklungsbereichs kurzzeitig von Osaka nach Tsukuba versetzt. Dort arbeiten sie mit dem Forschungsteam unmittelbar zusammen, um die Projektübergabe vorzubereiten. Die Vertreter des Entwicklungsprojektes bringen die neue chemische Verbindung und alle bereits verfügbaren Kenntnisse und Erfahrungen dann von Tsukuba mit nach Osaka.

Ebenfalls überlegt zu wählen ist der Zeitraum des unmittelbaren Kontakts der beiden Projektgruppen. Während des Lebenszyklus des Projektes ist, wie bereits erwähnt, die soziale Mehrdeutigkeit in zwei Phasen besonders hoch – zu Beginn und im Stadium des Projektabschlusses. Dieser zweite Höhepunkt der Mehrdeutigkeit erfordert, daß Vertreter bzw. projektfremde Mitarbeiter während der *Plandurchführung* (Hauptarbeitsphase) des Projektes einbezogen werden. In diesem Zeitraum sollten alle persönlichen Kontakte zwischen beiden Teams stattfinden. Plant man die Gespräche während des Stadiums des Projektabschlusses, kann sich die Projektübergabe unnötig verzögern: In dieser Phase sind die beteiligten Wissenschaftler der ersten Gruppe nicht nur mit ihrer Entdeckung und der Planung von deren Weiterentwicklung, sondern auch mit dem Einfluß der Auflösung des Teams auf ihr eigenes Schicksal beschäftigt.

Die Matrix

Eine Matrix ist definiert als *Netzwerk von Schnittpunkten*. In der Organisationstheorie versteht man darunter insbesondere ein Netz von Überschneidungen zwischen Funktionen bzw. Disziplinen (senkrechte Linien) und Projekten (waagerechte Linien). Jedes Mitglied eines Projektteams stammt aus einem Funktionsbereich oder einer Disziplin und ist gleichzeitig der Projektarbeit zugeordnet – das heißt, es befindet sich auf einem bestimmten Schnittpunkt innerhalb der Matrix. So arbeitet beispielsweise ein Softwareentwickler, der zum Team des Projekts ABC gehört (gemeinsam mit Mitarbeitern aus Marketing, Herstellung und anderen Funktionsbereichen), am Schnittpunkt zwischen seiner Funktion (Softwareentwicklung) und seines Projektes (ABC). Jedes Mitglied eines Projektteams ist zwei Chefs unterstellt – dem Projektmanager und dem Leiter seines jeweiligen Funktionsbereiches. Der Softwareentwickler aus unserem Beispiel ist dem Projektmanager, gemeinsam mit seinen Kollegen aus dem Team, für die Erfüllung des Projektziels verantwortlich. Gleichzeitig ist er dem Leiter der Softwareentwicklung rechenschaftspflichtig über Umfang und Wert seines technischen Beitrags zum Projekt ABC.

Erfordern die Aufgaben in Forschung und Entwicklung eine komplexe Durchmischung von Mitarbeitern verschiedener Disziplinen und Funktionen in den einzelnen Projektgruppen, dann kann die Gesamtheit aller Projekte als Matrix organisiert werden. In diesem Fall ist der Projektmanager dem Leiter des Projektmanagements darüber rechenschaftspflichtig, daß „sein" Projekt im vorgesehenen Zeitraum und ohne Überschreitung des Budgets abgeschlossen wird; den Leitern der einzelnen Funktionsbereichen gegenüber ist er für den effektiven Einsatz ihrer Ressourcen verantwortlich.

Das Matrixkonzept läßt sich auf vielen organisatorischen Ebenen anwenden. Die Verwaltungsebene der Hoechst AG, einem multinationalen deutschen Chemieunternehmen, ist beispielsweise als Matrix aufgebaut. Jeder Hauptgeschäftsbereich sowie jeder Hauptfunktionsbereich (Forschung, Entwicklung, Anlagentechnik, Herstellung) untersteht einem Leiter. In der obersten Verwaltungsebene ist der Leiter der „Pharmazeutischen Forschung" (Schnittpunkt zwischen Geschäftsbereich Pharmazie und Funktionsbereich Forschung) sowohl dem Direktor des gesamten Pharmaziebereichs als auch dem Forschungsdirektor gegenüber rechenschaftspflichtig.[7]

Innerhalb dem Geschäftsbereich Pharmazie wiederum ist jedes Therapiegebiet (Herz- und Gefäßkrankheiten, Infektionsbekämpfung,...) als separate Geschäftseinheit organisiert; jeder Einheit sind eigene Forschungs-, Entwicklungs-, Marketing-, technische und andere Funktionsbereiche zugeordnet. Innerhalb dieser Organisation ist zum Beispiel der Leiter der Forschung auf dem Gebiet der Herz- und Gefäßkrankheiten sowohl dem Leiter der gesamten pharmazeutischen Forschung unterstellt (der seinerseits in die oben beschriebene Matrix eingebunden ist) als auch dem Leiter des entsprechenden Geschäftsbereiches. Die Mitglieder der einzelnen Forschungsteams wiederum unterstehen dem Projektmanager und dem Direktor ihrer jeweiligen Disziplin, und so weiter.

Die Matrixstruktur erfordert, daß die Bewertung von Leistungen gleichmäßig zwischen dem Projektmanagement (oder äquivalenten Funktionen) und den wissenschaftlich-technischen Bereichsleitungen aufgeteilt wird. Zwar sind die Direktoren der einzelnen Disziplinen für die technische Einzelleistung der Teammitglieder verantwortlich, die Bewertung muß sich aber nach dem Erfolg des Projektes und der Leistung der Gruppe *als Team* richten. Das heißt, jeder Projektmitarbeiter wird von zwei Seiten aus bewertet: einmal entsprechend der Erfüllung des Projektes, zum anderen entsprechend seinem individuellen technischen Beitrag. Die Einschätzung und Anerkennung des gesamten Teams soll auf der Basis der projektbezogenen Leistung erfolgen; es ist wichtig, daß materielle und ideelle Anerkennungen *kollektiv* vergeben werden. Dafür zu sorgen, daß sich Bewertung, Kritik und Belobigungen stets an das ganze Team richten, ist Aufgabe des Projektmanagers.

Ganz offensichtlich sind komplizierte organisatorische Strukturen wie die Matrix nicht leicht zu verwirklichen. Die Matrix ist jedoch die Methode der Wahl, wenn Informationen von der Kundenseite des Geschäfts ebenso wichtig sind wie Informationen von der technischen Seite – wenn, in anderen Worten, Marktlage und technischer Hintergrund in Veränderungen begriffen sind. Findet ein schneller Wechsel von technologischen Erfordernissen *und* Anforderungen der Kunden statt, ist weder eine funktionell (technisch) ausgerichtete noch eine einseitig auf Produkte bzw. Kunden (Nachfrage) orientierte Struktur effektiv. Ist für den Erfolg des Unternehmens eine Verknüpfung beider Seiten erforderlich, läßt sich dies am effektivsten auf der Grundlage einer Matrixstruktur realisieren.

Ein wesentliches Problem des Managements einer Matrix ist, daß technologische und kundenorientierte Anforderungen ausgeglichen berücksichtigt werden müssen. Das Netzwerk aus Überschneidungen existiert – von der untersten Projekt- bis zur höchsten Verwaltungsebene – sozusagen am Wendepunkt zwischen wissenschaftlich-technischer Information einerseits und Kundeninformation andererseits. Die Matrix bildet den Dreh- und Angelpunkt: Weder Wissenschaft und Technik allein noch die Wünsche der Kunden allein, sondern nur eine Vereinbarung beider Seiten kann zur Lösung des Problems führen.

Die Arbeit des Projektmanagers bedeutet folglich stets eine Gratwanderung zwischen verschiedenen Interessen: Er vertritt den Kunden, denn ihn interessiert der potentielle Nutzen einer Erfindung – auch, wenn sich das Projekt mit Grundlagenforschung beschäftigt und bevor die Meinung traditionell kundenorientierter Funktionsbereiche wie Marketing oder klinische Medizin eingeholt wurde. Der Manager steht immer im Kreuzfeuer zwischen den Forderungen des potentiellen Nutzers und den Forderungen der wissenschaftlichen und technischen Disziplinen, die an einer Entdeckung beteiligt waren. Dieser Konflikt läßt sich niemals zur vollständigen Zufriedenheit aller Funktionsbereiche lösen; die Lösung muß aber den Anforderungen des *Projektes* genügen. Darin besteht das grundlegende, allen Projekten innewohnende Paradoxon.

Effektives Projektmanagement hängt weitgehend von kommunikativen Fähigkeiten ab. Für ein effektives Matrixmanagement dagegen sind aus den genannten Gründen Fähigkeiten der Konfrontation unerläßlich. Der Projektmanager arbeitet auf dem Schnittpunkt zwischen dem Projekt und den beteiligten Disziplinen; seine Aufgabe ist es daher, immer die gemeinsame Linie zwischen Projekt und Einzeldisziplinen zu finden. Abstrakt ausgedrückt besteht diese Linie im effektiven Abschluß des Projektes und der erfolgreichen Übergabe der Ergebnisse an die nächstfolgende Projektgruppe. In der täglichen Arbeit ist die gemeinsame Linie leider oft nicht so einfach zu finden.

Jede Disziplin wird ihren eigenen Beitrag als einzig über das Gelingen des Projektes entscheidenden ansehen. Dieser Konflikt zwischen Projekt und Disziplinen hält während des gesamten Lebenszyklus des Projektes an. Der Projektmanager muß daher die Leiter der Funktionsbereiche und Disziplinen wieder und wieder dazu veranlassen, sich auf eine gemeinsame Linie zu verständigen und diese anzuerkennen. Dem Manager fehlt die Autorität, um einen Konsens zugunsten „seines" Projekts zu erzwingen; er darf das Projekt nicht gefährden, die Auseinandersetzung aber auch nicht vermeiden. In manchen Fällen kann der Manager versuchen, den Konflikt zu glätten; effektiver ist es aber, die offene Auseinandersetzung zu suchen. Matrixmanagement bedeutet – wie es Jay Galbraith vor mehr als zwei Jahrzehnten formulierte – die „vollständige Verpflichtung zu gemeinsamer Lösung von Problemen und geteilter Verantwortlichkeit".[8] Der Weg zu diesem Ziel kann nur über Konfrontationen führen.

Zusammenfassung

Fähigkeiten im Management von Gruppendynamik innerhalb des Projektteams lassen sich verallgemeinern: Der erfolgreiche Projektmanager ist auch in der Lage, zwischen verschiedenen Teams zu vermitteln. Er versteht die Hintergründe der „offiziellen" Kooperation und wie man diese planen muß, um eine effektive Arbeit zu sichern. Er ist fähig, die einzelnen Gruppen so klein zu halten, daß die Mitglieder eng zusammenarbeiten können; er wählt die Mitarbeiter, soweit möglich, auf Grund ihrer technischen Kompetenz *und* ihrer arbeitsbezogenen Bedürfnisse aus. Er baut ein Team auf, indem er für eine gleichberechtigte Beziehung zwischen den Menschen sorgt, die kooperieren sollen, den Abbau der Sprachbarrieren unterstützt und so die laterale Kommunikation innerhalb des Teams fördert.

Der Projektmanager nimmt nicht für sich in Anspruch, auf jede Frage eine Antwort zu wissen; statt dessen baut er auf die Fähigkeit ausgewiesener Fachleute, Probleme zu lösen, unabhängig von deren Stellung innerhalb der Organisation. Dies ist ein Schlüssel zum Erfolg des Managers.

Ein erfolgreicher Projektmanager verliert das „große Ziel" nicht aus den Augen.

Er begreift, daß ein geschicktes Management der Anfangs- und der Abschlußphase des Projekts letztlich dessen Leistungsfähigkeit und Erfolg bedingt. Er reagiert sensibel auf die verschiedenen Muster technischer und sozialer Mehrdeutigkeit während des Projektzyklus und ist in der Lage, seinen Führungsstil und die bevorzugten Kommunikationsmedien an die Erfordernisse der jeweiligen Situation anzupassen.

Schließlich ist ein erfolgreicher Projektmanager fähig, die konkurrierenden äußeren Zwänge auszugleichen und stets die allen gemeinsamen Grundlagen herauszufinden (bzw. den Mitarbeitern zu helfen, ihre Gemeinsamkeiten selbst zu entdecken).

Ein erfolgreicher Projektmanager kann auch die Zusammenarbeit im größeren Maßstab – zwischen Forschungs- und Entwicklungsbereichen, F&E und Produktion, firmeninternen und externen Forschungskapazitäten, Unternehmensbereichen und letztlich zwischen zwei verschiedenen Organisationen koordinieren; er ist, kurzum, ein effektiver Manager überhaupt.

Anmerkungen

1. Ein Großteil des Materials in diesem Abschnitt wurde entnommen aus „Task and Human Messages Over the Project Life Cycle" von D. Stork und A. Sapienza, *Project Management Journal* **23** (1992) 44-49.
2. Diese Definition stützt sich auf *Designing Complex Organizations* von Jay Galbraith, erschienen bei Addison-Wesely, Reading, Massachusetts, 1973.
3. Siehe „Phasing Out the Project" von H. Spirer und D. Hamburger in *Project Management Handbook*, D. Cleland und W. King (Hrsg.), van Nostrand-Reinhold, New York, 1988.
4. C. M. Avery und R. W. Smilor, „Research Consortia"; in: F. Williams und D. Gibson (Hrsg.), *Technology Transfer: A Communication Perspective*, Sage, Newbury Park, California, 1990, S. 93-108.
5. Die Empfehlungen gründen sich auf „The Intraorganizational Environment" von D. Leonard-Barton in *Technology Transfer*, a.a.O., S. 43-62.
6. A. Sapienza, „Takeda Chemical Industries", Fallstudie der Harvard School of Public Health, 1989.
7. A. Sapienza, „Hoechst Pharmaceuticals: Making the Matrix Work", Fallstudie der Harvard School of Public Health, 1987.
8. „Organization Design: An Information Processing View", Jay Galbraith, in *Organizational Planning*, J. Lorsch und P. Lawrence (Hrsg.), Irwin-Dorsey Ltd., Georgetown, Ohio, 1972, S. 68.

9 Management des Wandels

Fünf Thesen zum Wandel

Keine Organisation ist perfekt. Als Manager verwenden Sie daher viel Zeit darauf zu versuchen, Ihre F&E-Einrichtung sowohl im Kleinen als auch in grundlegender Weise zu ändern.

Die Umwelt ist in stetigem Wandel begriffen (siehe Kapitel 1). Eine Forschungseinrichtung muß aus diesem Grunde flexibel und lernbereit sein, experimentierfreudig sowohl auf sozialem wie auch auf wissenschaftlichen Gebiet.

Der Aufbau einer flexiblen, lernbereiten und lernfähigen F&E-Einrichtung erfordert Mut, Zielstrebigkeit und Ausdauer. Er setzt sich aus vielen, zum Teil schmerzlichen Prozessen zusammen und braucht viel Zeit. (Vor kurzem war in der Tagespresse zu lesen, daß Manager bis zu zwei Jahren lediglich darauf verwenden, den Beschäftigen ihrer Organisation die Notwendigkeit des Wandels *klarzumachen*, bevor die Veränderung in der Praxis herbeigeführt werden kann.[1])

Durch die Veränderungen unserer Umwelt entwickeln sich die Lösungen von heute zu Problemen von morgen. Momentan kann es nützlich sein, den Schwerpunkt in F&E von der Technologie hin zu den Bedürfnissen des Kunden zu verlagern; durch die Weiterentwicklung der Wissenschaft kann sich der Schwerpunkt in der Zukunft wiederum verändern. In vieler Hinsicht legen Sie durch Entscheidungen von heute den Grundstein für Ihre zukünftigen Probleme. So müssen Sie sich *stets* mit dem Management des Wandels beschäftigen.

Die Veränderungen unserer Umwelt erfordern die Anpassung Ihrer Managementmethoden. Um den Wandel erfolgreich zu organisieren und zu bewältigen, müssen Sie zuerst Ihre *eigene* Einstellung ändern – sich von starren Algorithmen (althergebrachten Verfahrensweisen) abwenden, um geeignete heuristische Konzepte zu entwickeln (Regeln, deren Anwendbarkeit Sie nur durch ständiges Feedback überprüfen können).[2]

Die Verlagerung der Schwerpunkte des Managements spiegelt auch dieses Buch wieder. Wenn Sie es von Anfang an gelesen oder zumindest einen Großteil der

Kapitel angeschaut haben, haben Sie sicher bemerkt, daß nur in Einzelfällen Anweisungen zum Handeln angegeben sind; vielleicht haben Sie den Text daher anfänglich auch als unbefriedigend und ein wenig frustrierend empfunden. Auch dieses letzte Kapitel enthält kein „Patentrezept". Statt dessen werden zwei Theorien des Wandels einer Organisation vorgestellt und diskutiert, in welchen Fällen und in welcher Weise jede von ihnen anwendbar ist. Anschließend wird ein effektiver Wandlungsprozeß in allgemeinen Worten beschrieben. Zuletzt beschäftigen wir uns mit einer Fallstudie, die erkennen läßt, wie in einem Unternehmen der Wandel zu Flexibilität und Lernbereitschaft herbeigeführt wurde. Aus allen diesen Vorschlägen sollten Sie dann Ihre eigenen heuristischen Konzepte entwickeln.

In folgenden Kapitel legen wir den Schwerpunkt auf *grundsätzliche* Veränderungen in Organisationen; die dargestellten Herangehensweisen sind jedoch für den Wandel auf verschiedenster Ebene geeignet.

Zwei Modelle des Wandels

Das Verhalten als Funktion der Umgebung

Eine der psychologisch-theoretischen Richtungen, die sich mit dem Herbeiführen von Veränderungen beschäftigen, beruht auf der Annahme, daß das Verhalten des Menschen von den Gegebenheiten der Umwelt bestimmt wird. Die Voraussetzung einer Verhaltensänderung ist demnach eine Veränderung der Umgebung – rein physisch oder in Form von Anreizen, Zwängen, Abhängigkeitsverhältnissen usw.

Gesetze gründen sich auf die Annahme, daß das Verhalten von äußeren Faktoren bestimmt wird. So wurden Gesetze erlassen, die eine Gleichberechtigung aller Bewerber hinsichtlich Geschlecht und Rasse in der Einstellungspraxis zum Ziel haben; ihrer Durchsetzung dienen Anreize und Zwänge (zum Beispiel Geldstrafen beim Verstoß). Diese Gesetze richten sich aber nicht auf die inneren Vorurteile und Kategorisierungen, die der Handlungsweise des jeweiligen Unternehmens zugrunde liegen, sondern ausschließlich auf die (äußerliche) Einstellungs- und Beförderungspraxis.

Eine andere Möglichkeit zur Änderung der Umweltgegebenheiten ist eine Veränderung der *formalen organisatorischen Struktur* der Einrichtung. Das „Umstrukturieren" des Unternehmens ist eine sicher populäre Taktik, um eine Verhaltensänderung zu erzielen. Nehmen wir an, ein Unternehmen setze sich zum Beispiel das Ziel, Forschung und Entwicklung kundennäher zu gestalten: In vielen praktischen Fällen erreicht man das (möglicherweise) durch Aufteilung der F&E in Endkundeneinheiten und Neuorganisation der Unterstellungsverhältnisse, der Informationsverteilung und der Anerkennungssysteme. Die Gründe für den Mangel an kundenorientiertem Verhalten werden in erster Linie jedoch nicht betrachtet oder angesprochen.

Der Theorierichtung, die die wesentliche Grundlage der Beeinflussung des Verhaltens in der Modifikation der Umwelt sieht, liegt das psychologische Konzept des Behaviorismus zugrunde. Es besagt: Ein bestimmter Reiz löst eine bestimmte Reaktion aus, die durch spezifische Belohnungen und/oder Strafen verstärkt werden kann.[3] Im Falle des oben angeführten Beispiels nimmt man an, daß der Reiz der Umstrukturierung zur Antwort – kundenorientiertem Verhalten – führt; zur Verstärkung werden Veränderungen der Rangordnung, der Information und der Bewertungspraxis vorgenommen.

Führt ein Wandel der Umweltgegebenheiten zum Erfolg? Manchmal. Menschen, die nie mit einem Kollegen anderer Hautfarbe zusammengearbeitet haben, bis sie sich Kraft eines Gesetzes dazu gezwungen sehen, entdecken vielleicht, daß ihre Vorurteile und Kategorien dem Arbeitsalltag nicht standhalten. Andererseits gibt es genügend Beweise dafür, daß das Einhalten von Gesetzen aktiv erzwungen werden muß, damit sich die Menschen vorschriftsmäßig verhalten – ein gutes Beispiel sind die Geschwindigkeitsbeschränkungen im Straßenverkehr.

Die Veränderung der Umwelt bewirkt bestenfalls eine kurzzeitige Änderung des Verhaltens. In Krisensituationen kann dies durchaus angebracht sein; nachhaltige Veränderungen der Denk- und Arbeitsweise lassen sich auf diese Weise jedoch nicht erreichen. Im oben angesprochenen Beispiel wird durch die Neuaufteilung in Endkundenabteilungen sicher keine dauerhaft kundenorientierte Arbeitsweise erzielt. Statt dessen entsteht eine Art Imitation des gewünschten Verhaltens – und das ist keinesfalls beabsichtigt. Viele Bemühungen der Qualitätssteigerung scheitern aus dem Grund, daß in erster Linie niemanden interessiert, wo die *Gründe* für das Fehlverhalten liegen.

Das Verhalten als Funktion der Einstellung

Die zweite grundlegende Theorierichtung, die die Veränderung von Organisationen diskutiert, geht davon aus, daß sich die Menschen ihrer Einstellung entsprechend verhalten. Um das Verhalten zu ändern, muß demnach zunächst die Einstellung verändert werden.

Bei den Anonymen Alkoholikern und in ähnlichen Selbsthilfegruppen wird beispielsweise versucht, die Einstellung der Teilnehmer gegenüber dem Trinken (oder Essen, Spielen...) zu ändern, da man annimmt, auf diese Weise eine grundlegende Verhaltensänderung bewirken zu können. Maßnahmen zum vorbeugenden Gesundheitsschutz gründen sich auf die Annahme, daß ein gesunder Lebensstil erreicht werden kann, indem man die Einstellung der Menschen bezüglich Gesundheit und Wohlergehen ändert. Viele weitere Beispiele ließen sich anführen.

Die Richtung der Theorie, die die wesentliche Grundlage der Beeinflussung des Verhaltens in der Modifikation der zugrunde liegenden Einstellung sieht, hat sich aus der sogenannten Feldtheorie des Psychologen Kurt Lewin entwickelt und bildet die Grundlage einer Spezialrichtung, der *Organisationsentwicklung*.[4] Lewin stellte fest, daß sich die Einstellung eines Menschen und nachfolgend sein Verhalten in vier Schritten ändern:

1. Der Status quo muß als unbefriedigend empfunden werden.
2. Alte Verhaltensweisen müssen in Frage gestellt werden (das bedeutet ein innerliches Abwenden von alten Verhaltensweisen zugunsten neuer Ansichten und Einstellungen).
3. Die Umstellung von alten auf neue Ansichten (und Verhaltensweisen) muß erfolgen.
4. Neue Einstellungen und Verhaltensweisen müssen verinnerlicht und institutionalisiert (etabliert) werden.

Es gibt eine große Menge von Beweismaterial dafür, daß das Lewinsche Modell besser zur Herbeiführung eines dauerhaften und grundlegenden Wandels und zur Schaffung einer flexiblen, lernfähigen Organisation geeignet ist.[5] Die beiden theoretischen Richtungen schließen einander jedoch nicht aus, auch wenn sie auf völlig unterschiedlichen Annahmen beruhen. Behavioristische Taktiken zur Modifikation der äußeren Umweltbedingungen sind wichtig als zweite oder nachfolgende Schritte während des Wandlungsprozesses der inneren Einstellung. Sollen alte Verhaltensweisen in Frage gestellt oder neue unterstützt werden, kann eine parallele Veränderung der Umwelt sehr hilfreich sein.

Die wichtigsten Unterschiede zwischen beiden Modellen lassen sich wie folgt zusammenfassen:

Die Grundannahme des behavioristischen Modells besteht darin, daß menschliche Verhaltensweisen ein Produkt der Umweltbedingungen sind. Der feldpsychologisch orientierte Ansatz sieht dagegen innere Einstellung und Einsicht als Grundlagen des Handelns.

Die Verhaltensänderung wird im behavioristischen Modell durch *äußere* Faktoren (die Umwelt), im Einstellungsmodell durch *innere* Faktoren erreicht.

Die Anwendung des behavioristischen Modells bewirkt *schnellere* Veränderungen als die des Einstellungsmodells.

Die persönliche Beteiligung des Managers ist bei behavioristischen Strategien *geringer*, als wenn versucht werden soll, die Einstellung zu verändern.
Innerhalb des behavioristischen Modells ist das Andauern einer erreichten Veränderung eine Funktion des Andauerns der Veränderungen der Umwelt. Ändert sich die Umgebung oder wird kein Zwang (mehr) ausgeübt, erfolgt ein Rückfall in alte

Verhaltensweisen. Entsprechend dem Einstellungsmodell hängt das Andauern einer Veränderung davon ab, inwieweit sich die Menschen die neuen Denkweisen angeeignet haben. Die Umweltbedingungen üben dabei keinen Einfluß aus.

Der nächste Abschnitt beschreibt in allgemeiner Weise, wie Sie mit Hilfe des Lewinschen Modells eine Veränderung innerhalb Ihrer Organisation, Ihres Unternehmens herbeiführen können. Die anschließende Fallstudie gibt speziellere Details.

Den Wandel herbeiführen

Viele Beispiele überzeugen, daß wirkliche und grundlegende Veränderungen innerhalb von Organisationen am effektivsten durch das Vier-Schritte-Modell von Lewin, ergänzt durch Veränderungen der Umwelt, bewirkt werden können. Jeder Wandel in der *Kultur* eines Unternehmens ist von prinzipieller Natur. Wenn die Normen Ihres Unternehmens beispielsweise einen „technozentristischen" Schwerpunkt setzen, dann kann nur innerhalb eines prinzipiellen Wandlungsprozesses ein kundenorientierteres Verhalten erreicht werden. Unterstützen die Normen das Vermeiden von Risiken, dann kann risikofreudigeres Verhalten nur durch eine prinzipielle Veränderung erreicht werden. Unterstützen die Normen eine beschränkte und hierarchische Kommunikation, dann kann nur durch einen prinzipiellen Wandel ein unvoreingenommenes, transparentes, laterales Kommunikationsmuster aufgebaut werden. Viele weitere Beispiele ließen sich finden. Im folgenden soll diskutiert werden, was Sie als Manager tun können, um Normen und Wertvorstellungen – das heißt, die Unternehmenskultur – zu ändern.

Das Bedürfnis nach Wandel schaffen

Der erste Schritt des Wandlungsprozesses besteht nach Lewin darin, „den Status quo als unbefriedigend zu empfinden". In Krisenzeiten ist das nicht schwer; Ihnen als Manager fehlt dann jedoch meist die Zeit, um einen wirklichen, grundlegenden Wandel zu bewirken. Sobald Sie demnach feststellen, daß die Veränderung einen kritischen Faktor für Überleben und Erfolg Ihres Unternehmens darstellt, sollten Sie versuchen, andere von dieser Ansicht zu überzeugen. Das kann viel Zeit in Anspruch nehmen, besonders, wenn die Organisation groß ist. Sie erreichen jedoch niemals eine grundsätzliche Veränderung, wenn nicht wenigstens eine kritische Masse der Beschäftigten innerlich einsieht, daß ein Beibehalten gegenwärtiger Verhaltensmuster nicht befriedigt oder das Überleben des Unternehmens nicht sichern kann.

Um das Bedürfnis nach Veränderung zu wecken, müssen Sie einen Kommunikationsprozeß in Gang setzen, der aus zwei Phasen besteht. Zunächst könnten Sie wortgewandte, überzeugende Referenten einladen, die vor den Beschäftigten über die Vorgänge in der Umwelt, der Wirtschaft oder dem Wissenschaftsgebiet und die Tätigkeit von Konkurrenten sprechen. Der Zweck dieser Vorträge ist es nicht, den Menschen zu sagen, daß sie etwas bzw. sich ändern müssen; es soll lediglich lebendig beschrieben werden, was „in der weiten Welt" vor sich geht. Die Schlußfolgerungen sollte jeder Zuhörer selbst ziehen: Je dramatischer sich die Lage darstellt, desto unausweichlicher kommen die Menschen zu dem Schluß, daß sich etwas ändern muß.

Zu diesem ersten Schritt gehört auch, daß Sie auf die äußeren Bedingungen häufig zurückkommen und Ihre Ausführungen möglichst mit Daten Ihres eigenen Unternehmens untermauern. Gestalten Sie dies als Information, die von jedem Mitglied Ihrer Organisation verstanden werden muß, und fordern Sie zur Reaktion heraus, damit Sie diejenigen aktivieren, die die Lösung mitgestalten sollen.

Innerhalb der zweiten Phase des Kommunikationsprozesses können Sie kleine Gruppen von Beschäftigen beauftragen, Folgen und Konsequenzen des Wandels für das Unternehmen offen und unvoreingenommen zu diskutieren. Derartige Zusammenkünfte kleinerer Gruppen sollten sobald wie möglich nach den anfänglichen Sitzungen zur generellen Lage (siehe oben) stattfinden. Zu diesem Zeitpunkt haben Sie bereits erkannt, welche Ihrer Kollegen Ihre Ansicht teilen, daß eine Veränderung notwendig ist. Diese Mitarbeiter können Sie als Diskussionsleiter einsetzen. Halten Sie die Zusammensetzung dieser Gesprächsgruppen möglichst heterogen entlang des sogenannten diagonalen Schnitts durch das Unternehmen – das heißt, beziehen Sie Angehörige möglichst vieler verschiedener Disziplinen und Funktionsbereiche aus unteren und höheren Ebenen ein.

Als Manager müssen Sie beispielgebend für die gewünschten neuen Verhaltensweisen wirken. Wollen Sie zum Beispiel einen Wandel der Einstellung von Technozentrismus zu mehr Kundenorientiertheit erreichen, dann laden Sie Vertriebsmitarbeiter ein – und hören Sie wirklich auf deren Ansichten. Wollen Sie einen Wandel von hierarchischen zu lateralen Beziehungsmustern bewirken, dann sollten Sie absichern, daß innerhalb der kleinen Gesprächsgruppen laterale Beziehungen bestehen (schlagen Sie dazu in Kapitel 8 zum Projektmanagement nach). Die wichtigste Verhaltensweise, die Sie und die Diskussionsleiter vorführen sollten, ist der *Lernwille*. Fragen Sie: „Wie sind wir dahin gekommen, wo wir jetzt stehen?", „Warum ist es so gekommen?", und so weiter. Kein Lernprozeß kommt ohne Feedback aus.

Das Ziel dieses Schrittes beim Management des Wandels ist, daß – soweit möglich – alle Beteiligten erkennen, daß und warum eine Veränderung notwendig ist. In den oben beschriebenen Kommunikationsprozeß sollen alle Mitglieder der Organisation einbezogen werden; Ihr Zeitrahmen wird daher von der Anzahl der Menschen bestimmt, die die Botschaft erreichen muß. Aus den Gruppendiskussionen in kleinem Rahmen, die die angestrebten Verhaltensweisen in geeigneter Form modellieren, beginnen jedoch Lösungen zu entstehen; es wächst eine kritische Masse von Beteiligten, die notwendig ist, um die gesamte Organisation neu zu orientieren.

Verhaltensweisen in Frage stellen

Damit sind Sie bereits beim zweiten Schritt des Lewinschen Modells angelangt – dem Überprüfen und Infragestellen gewohnter Verhaltensweisen. Dies ist unbestritten der schmerzlichste Abschnitt des gesamten Wandlungsprozesses. Jeder einzelne muß zugeben, daß „die alten Wege" des Denkens und Verhaltens nicht mehr angebracht sind. Die Umwelt als äußerer Faktor ist nicht mehr berechenbar: Die Kunden akzeptieren die Produkte nicht mehr; Politik und Gesetzgebung stellen den Nutzen Ihrer Forschungsergebnisse in Frage und wollen die Mittel für die Grundlagenforschung kürzen; die Gemeinden sehen kritisch auf die Sicherheit Ihrer Verfahren, Anlagen und Geräte, und so weiter. Innerhalb des Unternehmens kann sich eine gewisse Selbstzufriedenheit herausgebildet haben. Die Mitarbeiter akzeptieren das Mittelmaß und stellen ihre Leistungsfähigkeit nicht in Frage. In stillem Einverständnis wird eine gewisse Nachlässigkeit geduldet. Weitere Beispiele fallen Ihnen sicher selbst ein.

Der zweite Schritt des Wandlungsprozesses erfordert viel Mut. Es ist stets leichter zu erreichen, daß Mitarbeiter anerkennen, daß äußere Faktoren eine Veränderung erfordern; viel schwerer und zeitaufwendiger ist es dagegen, *eigene* Verhaltensweisen aufzugeben, die in der Vergangenheit zum Erfolg führten, zuzugeben, daß die gegenwärtige Weltsicht falsch sein kann, und zu einem völlig anderen Verhalten zu finden.

In dieser Phase können Veränderungen in der Umgebung sehr hilfreich sein. Nehmen wir an, Sie wollen die F&E kundenorientierter gestalten. Eine hinreichende Anzahl Ihrer Mitarbeiter in F&E stimmt Ihnen bereits zu, daß dies notwendig ist, *und* Sie erkennen bereits ansatzweise, warum Sie dies in der Vergangenheit nicht erreicht haben. Die Umgestaltung der Organisation durch Schaffung endkundenorientierter Gruppen kann dann eine äußere Unterstützung beim Übergang zu neuen Verhaltensweisen liefern. Soll die Kommunikation in Ihrer Organisation offener und durchschaubarer werden und haben Sie die Möglichkeit, neue Gebäude zu entwerfen, dann bauen Sie Glaswände ein und gestalten Sie die Labors offen; damit unterstützen Sie die angestrebte Öffnung der Kommunikation. Es soll aber nochmals ausdrücklich betont werden: Veränderungen äußerer Faktoren können den Wandel innerer Einstellungen unterstützen, aber nicht *herbeiführen*.

Einige detaillierte Hinweise, wie Sie Ihre F&E kundenorientierter gestalten können:

> Geben Sie zu – auch wenn es schmerzlich ist – daß Ihrem Unternehmen diese Orientierung bisher fehlt.
> Versuchen sie, zu den Ursachen des Problems vorzustoßen. (Vielleicht wurde das Unternehmen ausgehend von überragender technischer Sachkenntnis gegründet und zu ersten Erfolgen geführt; daraus ergab sich die Ansicht, daß der Kunde jedes Produkt akzeptiert, das Forschung und Entwicklung hervorbringen.)

Setzen Sie sich mit technozentristischem Verhalten (zum Beispiel mit der Annahme, daß Kunden jedes neue Produkt akzeptieren) auseinander, wo und wann immer Sie darauf stoßen.

Halten Sie sich bewußt an die neuen Verhaltensregeln, auch wenn Sie Ihnen anfänglich unbequem und ungewohnt erscheinen.

So können Sie eine offene, ehrlichere Kommunikation erreichen:

Geben Sie zu – auch wenn es schmerzlich ist – daß in Ihrem Unternehmen keine Offenheit herrscht.

Versuchen Sie herauszufinden, wo die Ursachen dafür liegen. (Vielleicht führt der Weg nach oben in Ihrer Organisation über individuelle Konkurrenzkämpfe, oder es werden Informationen „gehortet".)

Setzen Sie sich mit den bisherigen Kommunikationsmustern (unpersönliche Rundschreiben oder E-Mails mit langen Verteilerlisten) auseinander.

Machen Sie sich unbequeme und ungewohnte Verhaltensweisen zu eigen; geben Sie zum Beispiel offen zu, daß Sie Aufrichtigkeit als unbequem und ungewohnt empfinden.

Die Umwandlung gestalten

Dieser dritte Schritt des Lewinschen Modells trägt seinen Namen zu Recht: Er beinhaltet die *Umstellung* – sowohl in geistiger als auch in emotionaler Hinsicht – von einem System der Glaubensgrundsätze auf ein anderes. Eine Umstellung auf kundenorientiertes Verhalten in F&E zum Beispiel verlangt die geistige und emotionale Abkehr vom alten „Technozentrismus" *und* die geistige sowie emotionale Hinwendung zur Rücksicht auf die Bedürfnisse des Kunden. In ähnlicher Weise kann eine Umstellung auf offenere und durchschaubarere Kommunikationsmuster nur erfolgen, wenn gleichzeitig alte Gewohnheiten der Heimlichtuerei abgelegt *und* – geistig und emotional – Offenheit bejaht wird.

Für den Verlauf und Erfolg dieses Schrittes ist es entscheidend, wie der Manager die Emotionen der beteiligten Menschen versteht und unterstützt. Finden die Menschen keinen emotionalen Beistand, dann kann es zum Rückfall in alte Verhaltensmuster kommen. Besonders in diesem Stadium müssen Sie aufmunternd und engagiert auftreten, für eine lebendige Kommunikation sorgen und ein Vorbild für die erwünschten neuen Verhaltensweisen geben.

Wählen Sie die Symbole und sprachlichen Bilder, die Sie in der Kommunikation anwenden, sorgfältig aus – sie werden zum „Markenzeichen" der erneuerten Organisation. Beschreiben die Mitarbeiter das „alte" Unternehmen als eine Ansammlung von Türmen (oder Silos oder anderen Symbolen für geschlossene, vertikale Systeme), dann erklären Sie die erwünschte, neue laterale Struktur, indem Sie die Abteilungen durch eine Ellipse zusammenfassen. Drücken sich die alten Auffassungen in einer Sprache aus, die nach Krieg und Schlachten klingt, da innere Konkurrenzkämpfe eine wichtige Rolle spielten, dann verwenden Sie wieder und wieder eine „neue Sprache" der Zusammenarbeit. Hören Sie genau auf das, was Sie selbst und Ihre Kollegen sagen; überdenken Sie den Effekt Ihrer Symbolsprache. Wählen Sie Ihre Ausdrucksweise mit Bedacht.

Neue Verhaltensmuster etablieren

Zu diesem Zeitpunkt sollte der Manager sicher sein, daß eine kritische Masse der Beschäftigten des Unternehmens innerlich mit der Notwendigkeit einer Veränderung einverstanden ist (Unzufriedenheit), sich von alten Denk- und Verhaltensmustern abkehrt (Hinterfragen) und sich geistig und emotional zu neuen Grundsätzen bekennt (Umwandlung). Im vierten Schritt sollen diese neuen Grundsätze festgeschrieben und etabliert werden; das heißt, sie sollten für alle Mitarbeiter zur Gewohnheit werden, bis neue Veränderungen notwendig werden.

Den Prozeß der Etablierung neuer Verhaltensmuster können wiederum Veränderungen der Umgebung befördern. Haben Sie die F&E in Endkundenabteilungen eingeteilt, dann sorgen Sie dafür, daß Einstellungspraxis, Verfahren der Würdigung und Belohnung von Leistungen, der Entscheidungsfindung und -prüfung sowie die Informationssysteme (Kapitel 5) so verändert werden, daß sie die neuen Normen unterstützen. Zusätzlich sollten Sie darauf achten, daß Sie selbst sich gewissenhaft an die neuen Spielregeln halten und sich mit den unausbleiblichen Ausrutschern und Rückfällen auseinandersetzen.

Widerstand gegenüber dem Wandel

Kein Zweifel – beabsichtigte Veränderungen in einer Organisation sind stets vom Syndrom der „Ablehnung des Wandels" (gewöhnlich als eine Art „Krankheit" betrachtet) begleitet. Sicherlich beeinflussen und verschieben grundlegende Veränderungen auch festgefügte Machtstrukturen. Es ist nicht ungewöhnlich, daß Menschen, die eine Verschiebung oder die völlige Auflösung der Basis ihrer Macht befürchten, mit Obstruktionismus und Intrigen reagieren.

Im Idealfall haben Sie erreicht, daß auch solche Leute der Notwendigkeit einer Veränderung zustimmen, deren Macht im Ergebnis abnehmen wird, da sie begreifen: Die Alternative, das Versagen der gesamten Organisation, kann das Ende jeglicher Macht bedeuten. Ist dieser erste Schritt dagegen nicht hinreichend wirksam, dann werden sich die Leute fragen, ob festgefügte Zustände wirklich zerstört werden müssen; sie werden versuchen, Sie zu überzeugen, daß Sie sich in Zusammenhänge einmischen, an denen nichts zu verbessern ist.

Einige Menschen sehen vielleicht nicht ein, daß sich die Welt ändert und glauben daher nicht, daß die Organisation sich anpassen muß. Manche Leute haben eine enorme Fähigkeit, offensichtliche Fakten zu leugnen und sich darin durch nichts erschüttern zu lassen. In diesem Fall haben Sie verschiedene Möglichkeiten. Erstens können Sie (oder ein Assistent) sich viel Zeit nehmen, mit diesen Menschen persönlich zu sprechen, ihre Gründe zu verstehen und – vielleicht – überzeugend zu reagieren. Dies ist die Methode der Wahl, wenn es sich zum Beispiel um einen Manager einer höheren Eben handelt, dessen Einverständnis mit der Veränderung unverzichtbar ist. Die zweite Möglichkeit besteht darin, den betroffenen Menschen klarzumachen, daß sie sich den neuen Normen entsprechend zu verhalten haben – egal, wie sie im einzelnen darüber denken. Dies entspricht einer Konfliktlösung durch *Zwang* und kann nur Wirkung zeigen, wenn Sie die Alternativen klarstellen. Drittens können Sie die Umgebung dieser Menschen verändern, indem Sie sie beispielsweise einer anderen, von der Veränderung aufrichtig begeisterten Gruppe zuordnen. Seien Sie jedoch vorsichtig, daß die ablehnende Einstellung des einzelnen keine negativen Auswirkungen auf den Enthusiasmus der Gruppe ausübt.

Gelegentlich sieht ein Mensch zwar ein, daß eine Veränderung notwendig wäre, hält aber an seiner Machtposition fest. Sie sollten versuchen, diesen Mitarbeiter soweit als möglich davon zu überzeugen, daß er – genau wie die ganze Organisation – einen Nutzen vom Wandel haben wird. Gelingt Ihnen das nicht, sollten Sie ihm vorschlagen, sich eine andere Beschäftigung zu suchen.

Wer muß sich beteiligen: Die Führung, die Angestellten oder beide Seiten?

Vielleicht fragen Sie sich, ob sich eine Veränderung durchsetzen läßt, wenn nur das oberste Management mitzieht oder nur das „Fußvolk" in der Pflicht genommen wird. Die Antwort ist eindeutig: Alle Ebenen müssen sich beteiligen, vom obersten Chef bis zur letzten Reinigungskraft und alle, die irgendwo dazwischenliegen!

Die folgende Fallstudie beschäftigt sich mit dem Wandlungsprozeß in F&E innerhalb eines italienischen Pharmazieunternehmens. Aus dieser Darstellung können Sie Anregungen und heuristische Konzepte zur Bewältigung Ihrer eigenen Situation ableiten.

Entwicklung zum Weltunternehmen[6]

In den achtziger Jahren mußte sich die pharmazeutische Industrie aller Industrienationen einer Reihe problematischer Fakten und Entwicklungen stellen; darunter fallen die Anstrengungen der Regierungen zur Begrenzung der Kosten des Gesundheitswesens, Veränderungen der demographischen und epidemiologischen Situation, die sich in einer Verschiebung der therapeutischen Schwerpunkte von akuten zu chronischen Erkrankungen bemerkbar machte, und die Notwendigkeit der Einbeziehung neuer gentechnologischer Methoden in den traditionellen Ablauf der medizinisch-chemischen Forschung.

„Bio-Farmaco" ist ein großes italienisches Familienunternehmen der pharmazeutischen Industrie. Seine Manager waren sehr beunruhigt, ob das Unternehmen unter den veränderten Bedingungen weiterhin erfolgreich arbeiten kann. So begannen sie 1986 einen Prozeß des grundlegenden Wandels ihrer Organisation. Sie waren sich bewußt, daß sich die Umwelt gewandelt hatte und die italienischen Pharmazieunternehmen von einer einseitig nationalen zu einer internationalen Entwicklungsstrategie übergehen mußten. Diese Zusammenhänge begannen sie allen Mitarbeitern zu erklären.

Innerhalb von 18 Monaten wurde jedem der etwa 7000 Beschäftigten klar, welche Veränderungen der Umwelt eingetreten waren. Die Wissenschaftler im F&E-Bereich begannen das Management nach geeigneten Reaktionsmöglichkeiten zu fragen. Nachdem das Management registriert hatte, daß es zu einer Unzufriedenheit mit dem aktuellen Stand des Unternehmens gekommen war, begannen sie mit dem zweiten Schritt des Wandlungsprozesses, dem Hinterfragen alter Gewohnheiten. Diese Phase wurde interessanterweise durch einige (für die Angestellten) schockierende Aussagen des Managements beschleunigt. Der Eigentümer von Bio-Farmaco sagte den Beschäftigten zum Beispiel immer wieder, daß sie etwas tun sollten, was ihnen sehr ungewöhnlich vorkam:

> Verabschieden Sie sich von der Ansicht, daß Sie nur das zu tun haben, was Ihr Vorgesetzter Ihnen sagt. Ich möchte, daß Sie Probleme aktiv diskutieren und Ihre Meinung unabhängig von Rang und Abteilung des Gesprächspartners zum Ausdruck bringen.

Diese Aufforderung zur Änderung des Kommunikationsverhaltens wurde durch den Präsidenten der Gesellschaft unterstützt; er appellierte an die Angestellten, den Glaubensgrundsätzen des Unternehmens zu widersprechen:

> Eine unbestimmte und fragwürdige Harmonie in Forschung und Entwicklung lehne ich ab. Wir brauchen gute, fruchtbare Debatten! Scheuen Sie sich nicht davor,

unseren alten Grundsätzen zuwiderzuhandeln. Scheuen Sie sich nicht vor dem Risiko!

Das Statut des Unternehmens stammt aus dem 19. Jahrhundert. Einige seiner Artikel betonen die Bedeutung der Achtung des Dienstalters und des konservativen Verhaltens. Die ausdrückliche Anweisung, dieses Statut zu ignorieren, durch den Präsidenten (offen) und den Eigentümer des Unternehmens (stillschweigend) war ein schwerwiegender Entschluß beider Seiten. Auf ältere, schon lange Zeit beschäftigte Angestellte wirkten diese Aussagen völlig schockierend.

In der F&E-Abteilung wurden durch das Management sowohl neue Verhaltensweisen vorgeführt als auch bestimmte Veränderungen der Umgebung vorgenommen. So lud man Mitarbeiter aus Verkauf und Marketing zu Zusammenkünften ein, die früher allein den Wissenschaftlern vorbehalten waren; gemeinsam wurden Entwicklungsmöglichkeiten neuer Erkenntnisse und neu entwickelter Verbindungen diskutiert. Zweitens wurden die Wissenschaftler aufgefordert, ihre eigene kritische Meinung zu den diskutierten Substanzen zu äußern. Drittens wurden die Mitarbeiter einzelner Projektgruppen kontinuierlich ausgewechselt (Rotationsprinzip). Alessandro Domenico, Leiter der Abteilung F&E, erklärt:

Alessandro:

Anfänglich hatten die Wissenschaftler wenig Lust, ihren Namen unter die Bewertungsformulare zu setzen, die während der Zusammenkünfte mit den Mitarbeitern aus Verkauf und Marketing verteilt wurden. Aber ich wollte, daß sie diese Verantwortung übernehmen: Sie können sich irren oder auch nicht, in jedem Fall können sie aber etwas lernen.

Außerdem versuche ich jetzt, Entscheidungen über die Weiterentwicklung von neuen, unvoreingenommenen Mitarbeitern fällen zu lassen; die Wissenschaftler lassen sich gelegentlich zu sehr von den Erfahrungen ihrer eigenen Vergangenheit beeinflussen. Aus diesem Grund tausche ich häufig Mitarbeiter in Projektgruppen aus.

Seine Kollegen fanden seine Verhaltensweisen als Manager insbesondere zu Beginn des Wandlungsprozesses sehr ungewöhnlich:

Alessandro:

Meine Kollegen denken, das ich viele ungewöhnliche Maßnahmen in F&E in Gang gebracht habe; sie sagen, ich wirke eher wie ein charismatischer als wie ein rationaler, wissenschaftlich orientierter Leiter. Aber ich frage Sie: Was ist wichtiger in der Forschung, Vernunft oder Intuition?

Auch die äußere Umgebung wurde umgestaltet: Die Leiter der Chemie- und Biologielabors bauten ihre Büros so um, daß sie sich einen gemeinsamen Empfangsbereich teilten. Der Leiter des chemischen Bereichs drückte es so aus: „Auf diese Weise *müssen* wir miteinander reden." Früher getrennte Disziplinen wurden so verknüpft, daß zukünftige Forschungserfolge begünstigt werden. Auch ein neues Gebäude für die Zulieferlabors wurde gebaut; sein Stil unterschied sich vollkommen von allen Gebäuden, die es bis dahin bei Bio-Farmaco gab. Giovani Bracca, der Leiter, sagt dazu:

Giovani:

Im neuen Gebäude haben wir die Labors offen konzipiert, die Leute teilen sich Büros und Arbeitsplätze. Zusätzlich haben verschiedene Abteilungen Räume auf einer Etage, so daß die Organisation flexibler werden kann.

Wichtiger, als die Laborgebäude zu bauen, ist es natürlich, die geeigneten Wissenschaftler zu finden. Wie müssen festgefügte Denkmuster herausfordern und brauchen Leute, die uns dabei helfen.

Die radikalste architektonische Neuerung, ein weiteres Beispiel für die Umgestaltung der Umgebung, bestand in der neuen Abteilung für Grundlagenforschung, deren Gebäude etwa 50 Kilometer vom Firmensitz entfernt angesiedelt wurde. Im Unterschied zum Baustil auf dem alten Firmengelände konzipierte man hier auf der „grünen Wiese" Labors mit Glaswänden und Diskussionsbereichen, die eine dreistöckige, mit Marmor gestaltete Halle umgeben. Die Kantine befindet sich im Erdgeschoß und blickt auf einen Grillplatz, wo im Sommer gemeinsame Parties stattfinden. Diese neuartige Architektur wurde entwickelt, um die Veränderungen innerhalb der Organisation zu unterstützen. Andrea Malatesta, Manager dieser Abteilung, bemerkt dazu:

Andrea:

Wir werden uns stets auf etwa 50 promovierte Mitarbeiter beschränken; unser Schwerpunkt liegt auf der Grundlagenforschung. Für Bio-Farmaco war der Anstoß zum Bau dieses neuen Instituts die Erkenntnis, daß die italienischen Universitäten auf diesem Gebiet nicht die Art und die Menge von Forschungsleistungen erbringen, die wir für unser Überleben in der Zukunft benötigen.

Unsere Gruppe ist organisatorisch nicht weiter unterteilt, etwa in Therapiegebiete [wie es in den meisten Pharmazieunternehmen üblich ist]. Statt dessen ermutigen wir unsere Wissenschaftler, außerhalb ihres täglichen Horizonts nach Aufgaben für neue Projekte Ausschau zu halten.

Alle Wissenschaftler sind mir direkt unterstellt. Der Informationsfluß läuft von unten nach oben, nicht umgekehrt. Ich glaube, daß man junge Wissenschaftler nicht durch eine strenge Hierarchie einengen sollte, wie es früher hier Sitte war.

Der Typ von Wissenschaftlern, den ich suche, hat eine besondere Philosophie der Forschung: Ich suche nach Intuition, Neugier und der Fähigkeit zur Herausforderung.

Neben der Empfehlung von „oben", dem Statut der Gesellschaft zuwiderzuhandeln und festgefügte Verfahrensweisen in Frage zu stellen, der Rotation von Projektmitarbeitern und architektonischen Neuerungen versucht das Management demnach auch, die Einstellungspraxis zu ändern. Diese neuen Mitarbeiter werden es (so hofft man) leichter haben, alte Regeln herauszufordern.

Etwa 1990 ist Bio-Farmaco beim dritten Schritt, der Umwandlung, angelangt. Entscheidend in diesem Stadium war unter anderen das Eingreifen von Alessandros stellvertretender Direktorin, Maria Santa La Rocca, die einige anschauliche Vorstellungen einbrachte. Maria verbrachte viel Zeit mit den Wissenschaftlern aus F&E, denen sie folgendes empfahl:

Maria:

Ich sagte ihnen, sie sollten sich in Kobolde verwandeln. Das sind schelmische kleine Geister, die durch Wände gehen und über alle Grenzen fliegen können. Warum? Diese Wissenschaftler mußten sehr hohe, sehr dicke Mauern, Hürden und Barrieren überwinden, die die vertikale Struktur unseres Unternehmens aufbaute.

Wissenschaftliche Kreativität wird durch persönliche Kontakte gefördert. Wir müssen unseren Wissenschaftlern beibringen, lateral zu kommunizieren; dies ist ein Weg dorthin.

Meine Hoffnung besteht darin, daß sich die Wissenschaftler die Charakterzüge dieser Geister wirklich zu eigen machen – „Regeln" der Gesellschaft in Frage zu stellen und vertikale Barrieren zu überwinden, ohne sie unbedingt niederzubrechen. So liefern sie unserem Unternehmen alle die Anregungen, die für den zukünftigen Erfolg gebraucht werden.

Ein Kobold ist ein kompliziertes Wesen. Er ist nicht einfach ein Geist, sondern kann als „Alter ego" des „zivilisierten", „kultivierten" Menschen betrachtet werden. Wenn Maria die Wissenschaftler auffordert, Kobolde zu werden, meint sie in Wirklichkeit, sie sollten werden wie dieses „zweite Selbst": voller Widerspruchsgeist, kreativ, begeistert eher von Debatten als vom harmonischen Konsens und willens, das Risiko innovativer und neuartiger Aufgaben in Forschung und Entwicklung auf sich zu nehmen. Sie regt – in anderen Worten – die Wissenschaftler an, die bestehende Ordnung aufzubrechen und organisatorische Barrieren wie Geister zu überwinden.

Den Wandlungsprozeß bei Bio-Farmaco kann man wie folgt zusammenfassen: 1986 begann das obere Management, die Angestellten über die veränderliche, konkurrenzstarke globale Umgebung pharmazeutischer Unternehmen in einer intensiven Kampagne zu unterrichten, um ein Bedürfnis nach Veränderung hervorzurufen. 1987 riefen Eigentümer und Top-Management die Angestellten auf, ihre Vorgesetzten herauszufordern und den Statut der Gesellschaft zuwider zu handeln, so daß die alten Einstellungen hinterfragt wurden. Unterstützend wurde eine Reihe von Veränderungen der Umwelt vorgenommen. Dazu gehörten die räumliche Öffnung der Arbeitsplätze, die Rotation von Wissenschaftlern (zur Schaffung lateraler Beziehungsmuster in F&E) und neue Managementsysteme. 1990, während des dritten Schrittes, erwies sich das von Maria entwickelte Sinnbild des Kobolds als äußerst hilfreich bei der Ausbildung einer eigenen Ansicht von der neuen Organisation. Die Etablierung der neuen Verhaltensweisen wurde durch Veränderungen äußerer Faktoren sowie durch einen Wandel des Managements (neue Einstellungspraxis, Rotationsmethoden, neue Informationssysteme, neue organisatorische Strukturen) gefördert.

Und das Ergebnis? Die Entwicklungszeit für pharmazeutische Produkte beträgt etwa 10 Jahre; Bio-Farmaco ist bald am Ende dieses Zeitraumes angelangt. Unterdessen hat sich das Unternehmen jedoch unter die ersten 20 der pharmazeutischen Industrie weltweit nach vorne geschoben; wesentlich hierfür sind die Steigerungen des Absatzes außerhalb Italiens. Das Unternehmen finanziert einige akademische Zentren in den USA und in Europa, die sich mit biotechnologischer Forschung beschäftigen und in letzter Zeit erfolgversprechende Ergebnisse auf dem Gebiet der Krebstherapie vorgelegt haben. Bio-Farmaco schickt jedes Jahr Wissenschaftler zur Weiterbildung in diese Institute. Das Unternehmen ist an einer Reihe erfolgreicher Joint Ventures mit US-amerikanischen und europäischen Firmen – sowohl zur gemeinsamen Vermarktung der Produkte als auch zur Koordinierung des angewandten Forschung – beteiligt. Auf diese Weise ist das Unternehmen wesentlich besser auf eine globale Zukunft vorbereitet, als es ohne den Wandel vorstellbar gewesen wäre.

In einer kleineren Organisation hätte man einen derartigen Veränderungsprozeß vielleicht schneller (in zwei oder drei Jahren) abschließen können. Aber die Erfahrungen, die bei Bio-Farmaco gemacht wurden, decken sich mit denen aus anderen effektiven Wandlungsprozessen: Solche Vorgänge sind zeitaufwendig, erfordern viel Mut auf Seiten der Manager, festgefügte Verfahrensweisen aufzugeben, und zeitweilige Rückschläge bleiben nicht aus. Unternehmensführung und Management von Bio-Farmaco hielten durch; die heutigen Erfolge bestätigen ihre Entscheidungen.

Zusammenfassung

Aus diesem Kapitel sollte klar hervorgegangen sein, daß ein Großteil des Wandlungsprozesses in der Kommunikation besteht und daß folglich Ihre Fähigkeit zur effektiven Kommunikation den Erfolg des Wandels entscheidend bestimmt (siehe auch Kapitel 6). Der erste Schritt dieses Prozesses – ein Bedürfnis nach Veränderung zu schaffen – ist oftmals nicht mehr und nicht weniger als Kommunikation, Weitergabe der äußeren Bedingungen, die den Wandel erfordern, und der inneren Zusammenhänge, die sich unter diesen Randbedingungen als problematisch erweisen können. Das Hinterfragen besteht ebenfalls vorrangig aus Kommunikation – einmal mit sich selbst und anschließend mit anderen, darüber, daß die alten Denk- und Verhaltensmuster nicht mehr geeignet sind, und um herauszufinden, warum und wie diese alten Normen Probleme erzeugen können. Die Umgestaltung kann durch Sinnbilder, mit denen die erneuerte Organisation beschrieben und verglichen wird, gehemmt oder gefördert werden.

Ein erfolgreicher Wandel in Ihrer Organisation hängt auch von Ihren Fähigkeiten zur effektiven Konfrontation (Kapitel 7) ab. Wenn Menschen die äußeren Zusammenhänge nicht anerkennen wollen – setzen Sie sich mit ihnen auseinander. Wenn Menschen nicht fragen wollen, warum Probleme aufgetaucht sind – setzen Sie sich mit ihnen auseinander. Und wenn Menschen an den alten Verhaltensweisen festhalten – suchen Sie die Auseinandersetzung!

Ein wesentlicher Punkt – nicht nur für das Management des Wandels – ist, daß Sie *sich selbst kennen*. Ist Ihr Machtbedürfnis dominant (siehe Kapitel 2), dann macht es Ihnen wahrscheinlich Spaß, die Verhaltensweisen innerhalb Ihrer Organisation so umzugestalten, daß sie den äußeren Bedingungen entsprechen – und Sie haben Erfolg dabei. Ist Ihr Harmoniebedürfnis dagegen dominant, dann haben Sie Spaß an den zwischenmenschlichen Beziehungen, die der Wandlungsprozeß erfordert, und sind in dieser Hinsicht erfolgreich. *Beide* Bedürfnisse sind Bedingungen für einen erfolgreichen Wandel – suchen Sie sich daher geeignete Unterstützung.

Sie müssen darauf achten, Ihren Führungsstil (siehe Kapitel 3) den Anforderungen des jeweiligen Schrittes anzupassen. Im ersten und zweiten Schritt sind Sie effektiver, wenn Sie aufgabenorientiert arbeiten, da die Fakten eindeutig sind – die äußeren Bedingungen ändern sich, und die inneren Bedingungen entsprechen dem nicht. Im dritten Schritt jedoch sind Sie mit einem beziehungsorientierten Führungsstil effektiver. Eine Zeitlang gibt es in diesem Stadium verschiedene Auffassungen über das Ziel, das durch die Veränderung erreicht werden soll; die Konzentration auf Beziehungen, das Absichern einer breiten, herausfordernden Diskussion dieser Auffassungen, ist dann erforderlich. Im vierten Schritt ist wiederum ein aufgabenorientierter Stil angebracht: Die Situation hat sich geklärt, die Aufgabe – Etablierung der neuen Denk- und Verhaltensmuster – ist eindeutig.

Für das Management des Wandels gibt es kein Geheimrezept, sondern nur einige vielleicht nützliche Richtlinien. Eine Reihe davon finden Sie in diesem Kapitel; weitere entdecken Sie, wenn Sie selbst experimentieren.

Anmerkungen

1. Brian Dumaine, „Times are Good? Create A Crisis", *Fortune*, 28. Juni 1993.
2. Siehe Stafford Beer, *The Brain of the Firm*, 2. Aufl., Wiley, New York, 1981.
3. A. Bandura, *Social Learning Theory*, Prentice Hall, Englewood Cliffs, New Jersey, 1977, S. 154.
4. Kurt Lewin, *Field Theory in Social Science*, Harper&Row, New York, 1951.
5. Michael Beer, *Organizational Change and Development: A Systems View*, Goodyear Press, Santa Monica, California, 1980.
6. Diese Fallstudie ist erfunden und bezieht sich nicht auf bestimmte Personen oder Unternehmens, sondern soll vielmehr ein allgemeines Beispiel darstellen.

Ergänzende und weiterführende Literatur aus dem deutschen Sprachraum: Eine Auswahl

Psychologische Grundbegriffe:

Grubitzsch/Rexelius: Psychologische Grundbegriffe, Rowohlt Verlag, Reinbek 1987
G. Wiswede, Einführung in die Wirtschaftspsychologie, UTB, München 1991
H. Schmale, Psychologie der Arbeit, Klett-Cotta Verlag, Stuttgart 1987

Motivation:

R. K. Sprenger: Mythos Motivation, Campus Verlag, Frankfurt/New York 1996
H. C. Altmann: Motivation der Mitarbeiter, Verlag Frankfurter Allgemeine Zeitung, Frankfurt, 1992
H. Becker: Führung, Motivation und Leistung, ECON Taschenbuch Verlag, Düsseldorf 1990

Führungstheorie und -praxis:

M. Birkenbihl: Chefbrevier. Geheimnisse erfolgreicher Führungskräfte. mvg Verlag, München 1992
K.-H. Anton, D. Weiland: Soziale Kompetenz, ECON Taschenbuch Verlag, Düsseldorf 1993
M. F. R. Kets de Vries: Cheftypen. Zwischen Charisma, Chaos, Erfolg und Versagen, Mosaik-Verlag, München 1992

Unternehmenskultur:

C. Scholz, W. Hofbauer: Organisationskultur, Betriebswirtschaftlicher Verlag Dr. Th. Gabler, Wiesbaden 1990

Kommunikation:

G. Walther: Sag, was du meinst, und du bekommst, was du willst. ECON Taschenbuch Verlag, Düsseldorf 1996
J. A. Alt: Miteinander diskutieren, Campus Verlag, Frankfurt/New York 1994

Konfliktlösung:

H. Lindholz: Wie Chefs Konflikte meistern. Betriebswirtschaftlicher Verlag Dr. Th. Gabler, Wiesbaden 1990

E. Regnet: Konflikte in Organisationen, Verlag für Angewandte Psychologie, Göttingen/Stuttgart 1992

A. Hugo-Becker, H. Becker: Psychologisches Konfliktmanagement, Beck-Wirtschaftsberater, dtv, München 1996

Projektmanagement:

M. Burghardt: Einführung in das Projektmanagement, Publicis MCD, München 1995

M. Burghardt: Projektmanagement, 3. Aufl., Publicis MCD, München 1996

M. E. Haynes: Projektmanagement, Ueberreuther, Wien 1989

E. Mehrmann, Th. Wirtz: Effizientes Projektmanagement, ECON Taschenbuch Verlag, Düsseldorf 1992

H. Schelle: Projekte zum Erfolg führen, Beck-Wirtschaftsberater, dtv, München 1996

M. Sanborn: Team-Arbeit, Heyne Kompaktwissen, München 1994

Management des Wandels:

G. Osterhold: Veränderungsmanagement: Visionen und Wege zu einer neuen Unternehmenskultur. Betriebswirtschaftlicher Verlag Dr. Th. Gabler, Wiesbaden 1996

B. v. Mutius: Die Kunst der Erneuerung. Campus Verlag, Frankfurt/New York 1995

Register

Abhängigkeit (gegenseitige) von Aufgaben 95
Anerkennung von Leistungen
   allgemeine Strategie 69
   in Projekten 120
Anforderungen der Tätigkeit und Motivation 10
Arbeitsbedingungen
   Bedeutung 9
   und Motivation 10 f.
arbeitsbezogene Bedürfnisse
   s. Bedürfnisse
aufgabenorientierter Führungsstil 33
Auseinandersetzung (*s.* auch Konflikt)
   effektive 98
   Szenarios 99 *ff.*

Bedürfnisse, arbeitsbezogene
   Analyse 13, 21 *f.*, 27
   und Führungsstil 40
   und Kooperation 108 *f.*
   und Konflikte 103
   Schlußfolgerungen 21, 29
   Test (Thematischer Apperzeptionstest) 13 *ff.*
   Venn-Diagramm 11
   und Wandel 139
beziehungsorientierter Führungsstil 33

Differenzierung (von Organisationen) 96

Einstellung (zum Wandel) 126
Einstellungspraxis und Unternehmenskultur 69
Entscheidungsfindung
   und formale Abläufe 70
   und Unternehmenskultur 49, 45

Fähigkeiten, persönliche und Motivation 10
Fallstudien
   Führungsstil 36 *ff.*
   Kommunikation 75 *ff.*, 83 *ff.*
   Konfliktlösung 99 *ff.*
   Motivation und Bedürfnisse 23 *ff.*
   Unternehmenskultur 47, 55, 57

Wandel 134 *ff.*
Feedback
   Bedeutung 82
   Medien 80 *ff.*
   Strategie 80, 82
Fiedler, F. (Führungsstilmodell) 33
formale Abläufe
   Anerkennungssysteme 69
   Entscheidungsfindung 70
   Informationsfluß 71
Führungsstil
   Analyse 40
   Definition 32 *f.*
   Effektivität 33 *f.*, 40 *f.*
   Fallstudien 36 *ff.*
   und Kooperation 109
   und Projektmanagement 114
   Schlußfolgerungen für Manager 41
   Test (LPC-Test) 34 *ff.*
   Typen 33

Galbraith, Jay 122
Grundeinstellung (Unternehmenskultur) 46

Harmonie
   Bedürfnis 13, 17, 21 *f.*
   Definition 13
   und Führungsstil 40
   als Motivation (Fallstudie) 23 *ff.*
   und Projektmanagement 113
Herausforderungen
   Bedeutung 10, 29, 44, 66
   und Organisationsstruktur 70
Holton, Gerald 64

Informationsfluß 71

kognitive Strukturen (Typen) 65
Kommunikation
   fehlende 59
   Informationssysteme 71

und Kreativität 70
Medien 89
und Unternehmenskultur 59
und Wandel 134, 138
Kommunikationsprozeß
　Erläuterung 74 ff.
　Fallstudien 83 ff.
　Feedback 79
　Probleme 75 ff.
　und Technologietransfer 118 f.
Kondratiev-Zyklus 2
Konflikt
　Definition 92
　Lösungswege 97
　mögliche Quellen 93
Kooperation
　Bedeutung 44, 59
　effektive 109
　und der Informationsfluß 71
　innerhalb der Matrix 120 f.
　und die Struktur einer Organisation 65, 67
　und Projektmanagement 108
Kreativität
　hemmende Faktoren 64
　kreativer Wissenschaftler, Merkmale 62
　und laterale Strukturen 67
　und Motivation 64

laterale Organisationsstruktur
　Definition 66
　und Projektmanagement 111
Leistung
　Bedürfnis 13, 17, 21 f.
　Definition 13
　und Führungsstil 40
　als Motivation (Fallstudie) 23 ff.
　und Projektmanagement 113
Lewin, Kurt (Feldtheorie) 127
LPC- ("Least Preferred Coworker") -Test 34 ff.

Macht
　Bedürfnis 13, 17, 21 f.
　Definition 13
　und Führungsstil 40
　als Motivation (Fallstudie) 25 ff.
　im Thematischen Apperzeptionstest 17
　und Wandel 17
Matrix
　Arbeitsweise 119 ff.

Definition 119
McClelland (Bedürfnismodell) 13, 21
Medien (der Kommunikation) 89 f.
　im Lebenszyklus eines Projektes 116
Mehrdeutigkeit
　und flexible kognitive Strukturen 65
　in der Kommunikation 89
　und laterale Strukturen 68
　in Projekten 115 f.
　Reduktion 41, 115 f.
　Toleranz 10, 62
Motivation
　Definition 9
　eigene 13, 22
　Fallstudien 23 ff.
　und Führungsstil 41
　und Management 29
　und persönliche Fähigkeiten 10
　Typen 29

Projekt
　Lebenszyklus 114
Projektmanagement
　Effektivität 122
　Kommunikation 114, 116
　Kooperation 108 f.
　und die Matrix 119 ff.
　und Technologietransfer 117
Projektmanager
　Rolle 12, 109
Projektteam
　Definition 110
　Größe und Struktur 110
　und Motivation 30
　Zusammensetzung 113

Risikobereitschaft
　Anerkennung 69 f.
　Bedeutung 44, 54
　und Struktur einer Organisation 72

Schein, Edgar (Unternehmenskultur) 59, 46
Sprachbarrieren
　Bedeutung 78
　und Feedback 82
　im Projektteam 112
Struktur
　einer Organisation, Typen 66 f.
　organische 66
　und Größe einer Organisation 66 f.

Tagesordnung (bei der Konfliktlösung) 98
Thematischer Apperzeptionstest 13 *ff.*

Übersetzungsfehler 78
Unternehmenskultur
    Fallstudien 47 *ff.*, 54 *ff.*
    Merkmale 44
    Modell 44 *ff.*
    Versagen 58

vertikale Organisationsstruktur
    Definition 66
    und Projektteams 111

Wandel
    Bedeutung für die Zukunft 124
    und Konfliktlösung 132
    Management 128
    theoretische Modelle 125 *ff.*
    und Verhaltensmuster 130 *ff.*